KB201146

조엘 비키의
교회에서의 가정

The Family at Church

조엘 비키의
교회에서의 가정

지은이 조엘 비키
옮긴이 유정희
펴낸이 김종진
초판 발행 2019. 7. 18.
등록번호 제2018-000357호
등록된 곳 서울특별시 강남구 선릉로107길 15, 202호
발행처 개혁된실천사
전화번호 02)6052-9696
이메일 mail@dailylearning.co.kr
웹사이트 www.dailylearning.co.kr

책값은 뒤표지에 있습니다.
ISBN 979-11-966781-0-4 03230

설교 듣기와 기도 모임의 개혁된 실천

조엘 비키의

교회에서의 가정

조엘 비키 지음
유정희 옮김

개혁된실천사

목차

설교 듣기

기도 모임에 참석하기

설교 듣기

"그러므로 너희가 어떻게 들을까
스스로 삼가라." -눅 8:18

1장
설교의 중요성

▲

▲

존 칼빈(John Calvin)은 자주 그의 회중에게 하나님의 말씀을 올바로 듣는 것에 대해 가르쳤다. 그는 그들이 공예배에 어떻게 임해야 하며 선포되는 하나님의 말씀을 어떻게 들어야 하는지 가르쳤다. 칼빈은 부모와 자녀가 설교의 중요성을 바르게 이해하고, 설교를 최고의 축복으로 여겨 이를 갈망하며, 설교에 능동적으로 참여하기를 원했다. 칼빈은 청중들이 "아무 조건 없이 하나님께 온전히 순종하려는 마음"이 있어야 한다고 말했다.[1]

칼빈은 두 가지 중요한 이유로 설교 말씀 듣는 것을 강조했다. 첫째, 그는 설교를 잘 듣는 사람이 매우 드물다고 믿었다. 그가 그의 성경 주석에서 30번 넘게 언급했고 《기독교 강요》에서 9번이나 언급한 사실은, 구원받는 믿음으로 설교 말씀을 받는 사람이 정말로 적다는 점이었다. 그는 이렇게 말했다. "똑같은 설교를 100명에게 전하면, 20명은 준비된 믿음의 순종으로 말씀을 받고, 나머지는 무가치하게 여기거나, 웃거나, 야유를 보내거나, 혐오한다."[2] 칼빈 시대에 제대로 듣는 것이 문제였다면 오늘날은 얼마나 더 큰 문제이겠는가? 사역자들이 매일같이 쏟아지는 다양한 매체들에 둘러싸인 사람들의 관심을 사로잡기 위해 열심히 싸워야 하는 이 시대에 말이다.

둘째, 칼빈이 제대로 듣는 것을 강조한 또 다른 이유는 설교에 대한 깊은 존경심 때문이다. 칼빈은 설교를 구원과 축복을 주는 하나님의 수단으로 보았다. 그는 성령님이 설교 말씀이라는 '외적 사역자'를 사용하시는 '내적

---

1. Leroy Nixon, *John Calvin, Expository Preacher* (Grand Rapids: Eerdmans, 1950), 65.

2. John Calvin, *Institutes of the Christian Religion*, ed. John T. McNeill, trans. Ford Lewis Battles (Philadelphia: Westminster Press, 1960), 3.24.12.)

사역자'라고 말했다. "외적 사역자는 목소리로 말을 하며 사람들은 그 말씀을 귀로 듣는다. 그러나 내적 사역자는 실제로 선포되는 대상인 예수 그리스도를 전달한다."[3] 말하자면 하나님은 성령에 의해 그의 종들의 입을 통해 말씀하시는 것이다. "어디든지 복음이 전파되는 곳은 마치 하나님 자신이 우리 가운데 와 계신 것과 같다."[4] 충실한 설교는 성령님이 죄인들을 조명하시고, 회심시키시며, 인치시는 구원 사역의 수단이다. 칼빈은 이렇게 말했다. "성령님이 듣는 자들에게 능력을 행하실 때 그들 안에 성령의 내적 효험이 있게 되며, 그들은 믿음으로 설교를 붙잡게 된다."[5]

칼빈과 마찬가지로, 청교도들도 설교를 매우 중시했다. 하나님의 말씀을 사랑했던 청교도들은 단지 성경의 권위

---

3. John Calvin, *Tracts and Treatises*, trans. Henry Beveridge (Grand Rapids: Eerdmans, 1958), 1:173.

4. John Calvin, *Commentary* on the Synoptic Gospels (Edinburgh: Calvin Translation Society, 1851), 3:129.

5. *Commentary* on Ezekiel, 1:61.

에 대한 교리, 무오성이나 무류성 등의 교리를 확언하는 데 만족하지 않았다. 그들은 기쁨으로 말씀을 읽고, 찾아보고, 전하고, 듣고, 노래하였으며, 말씀과 함께 오는 성령의 적용시키는 능력을 추구하였다. 그들은 성경 66권을 성령의 장서로 여겼다. 그들에게 성경은 아버지가 자녀에게 말하듯 하나님이 백성에게 하시는 말씀이었다. 설교 안에서 하나님은 진리와 능력의 말씀을 주신다. 진리인 성경 말씀은 영원히 신뢰할 수 있다. 능력인 성경 말씀은 하나님의 성령께서 우리 마음을 새롭게 하시는 변화의 도구이다.

21세기를 사는 복음주의 개신교도로서 우리는 성경의 무오성을 변호해야 할 뿐 아니라 말씀의 변화시키는 능력을 우리 삶으로 실증해야 한다. 그 능력이 우리의 삶과 가정과 교회와 지역사회에서 드러나야 한다. 다른 책들은 우리에게 정보를 주거나 혹은 우리를 어느 정도 개선시킬 수는 있겠지만, 오직 한 책만이 우리를 근본적으로 변화시켜 그리스도의 형상을 닮게 할 수 있음을 보여주어야 한다. 우리가 오직 "그리스도의 편지"(고후 3:3)로서 살아갈 때에만, 이 시대에 성경을 위한 싸움에서 승리할 수 있다. 성경 말씀을 알고 삶으로 실천하는 일에 우리 대부분의 에너지를 사용한다면 얼마나 더 많은 사람들이 그 말씀의 변화시키는 능력의 영향권 안으로 들어오겠는가?

청교도 운동은 우리에게 말씀의 변화시키는 능력을 함양하는 것에 대해 많은 것을 가르쳐준다. 청교도 설교자들은 말씀이 어떻게 개인을 변화시키는지를 분명히 설명했다. 그들은 하나님의 말씀을 읽고 듣는 법에 대한 실천적 지침을 제시했다.[6] 웨스트민스터 대요리문답 160번 질문은 그러한 청교도의 조언을 요약해 보여준다. "설교 말씀을 듣는 자들에게 요구되는 것은, 준비하고 기도하는 가운데 근면함으로 집회에 참석하고, 성경에 기초하여 들은 바 말씀의 내용을 살피고, 믿음과 사랑과 온유함과 기꺼운 순종의 마음으로 그 진리를 하나님의 말씀으로 받고, 그것을 묵상하고, 심령 속에서 그것에 대해 생각하며, 삶 속에서 그 열매를 맺는 것이다."[7]

"그러므로 너희가 어떻게 들을까 스스로 삼가라"는 누가복음 8장 18절 말씀과 함께, 하나님 말씀을 듣는 것에 대한 나 자신의 견해와 청교도의 몇 가지 가르침을 함께 나누고자 한다. 그 주제를 세 가지 대지로 나누어보면,

---

6. Samuel Annesley, "How May We Give Christ a Satisfying Account [of] Why we Attend upon the Ministry of the Word?," *in Puritan Sermons 1659-1689, Being Morning Exercises at Cripplegate* (Wheaton, Ill.: Richard Owen Roberts, 1981), 4:173-198; David Clarkson, "Hearing the Word," *The Works of David Clarkson* (Edinburgh: Banner of Truth Trust, 1988), 1:428-446; Thomas Manton, "The Life of Faith in Hearing the Word," *The Complete Works of Tohmas Manton* (London: James Nisbet, 1873), 15:154-74; Jonathan Edwards, "Profitable Hearers of the Word," *The Works of Jonathan Edwards: Sermons and Discourses 1723-1729*, ed. Kenneth P. Minkema (New Haven: Yale, 1997), 14:243-77; Thomas Senior, "How We May Hear the Word with Profit," in *Puritan Sermons*, 2:47-57; 말씀을 효과적으로 듣는 것에 관한 Thomas Watson의 글 *A Body of Divinity* (Grand Rapids: Sovereign Grace Publishers, 1972), 377-80; Thomas Boston의 짧은 세 작품, *The Complete Works of the Late Rev. Thomas Boston* (Wheaton, Ill.; Richard Owen Roberts, 1980), 2:427-454; Thomas Shepard의 "Of Ineffectual Hearing the Word," *The Works of Thomas Shepard* (Ligonier, Penn.: Soli Deo Gloria, 1992), 3:363-84.
청교도 전통을 나타내는 19세기 자료들: John Newton이 쓴 "Hearing Sermons"라는 제목의 편지, *The Works of John Newton* (Edinburgh: Banner of Truth Trust, 1985), 1:218-25; "On hearing the Gospel" 이라는 제목의 John Elias가 쓴 에세이, *John Elias: Life, Letters and Essays* (Edinburgh: Banner of Truth Trust, 1973), 356-360; 그리고 가장 철저하고 유익한 논의로는 Edward Bickersteth, *The Christian Hearer* (London: Seeleys, 1853).

'설교 말씀을 듣기 위해 어떻게 준비할 것인가, 설교 말씀을 어떻게 받을 것인가, 설교 말씀을 어떻게 실천할 것인가'이다. 각 요점을 연구하면서 우리는 스스로 질문해보아야 한다. '나는 정말로 하나님의 말씀을 듣고 있는가? 나는 선포된 복음을 잘 듣는 자인가, 아니면 나는 비판적 청취자 또는 태만한 청취자에 불과한가? 찰스 시미언(Charles Simeon)이 말한 것처럼, 모든 설교가 우리의 구원 혹은 정죄를 더 가중시킨다는 것을 나는 알고 있는가?[8] 나는 나의 자녀들에게 설교를 잘 듣는 법을 가르치고 있는가?'

---

7. *Westminster Confession of Faith* (Glasgow: Free Presbyterian Publications, 1997), 253.

8. Charles Simeon, *Let Wisdom Judge: University Addresses and Sermon Outlines* (Nottingham: Inter-Varsity Fellowship, 1959), 19.

2장
설교 말씀을 들을 준비하기

▲

▲

"설교 말씀을 듣는 자들에게 요구되는 것은 준비하고 기도하는 가운데 근면함으로 집회에 참석하는 것이다"라고 웨스트민스터 신학자들이 말했다(대요리문답 제160문). 이것은 몇 가지 실천적 적용을 포함한다.

1. **하나님의 말씀을 들으러 하나님의 집에 오기 전에, 먼저 당신 자신과 가족을 기도로 준비시켜라.** 청교도들은 예배에 참석할 때 우리 몸에는 옷을 입히고 영혼은 기도로 옷 입혀야 한다고 말했다.

죄인들의 회심을 위해, 성도들의 교화를 위해, 삼위일

체 하나님의 이름의 영광을 위해 기도하라. 아이들과 십대들, 어르신들을 위해 기도하라. 귀로 듣고 마음으로 깨달을 수 있도록 기도하라. 당신 자신을 위해 이렇게 기도하라. "하나님, 제가 잘 듣지 않는 것이 실제로 얼마나 위험한 일입니까! 씨 뿌리는 자의 비유에 나오는 네 종류의 듣는 자들 중에서 오직 한 부류만이 제대로 들었습니다. 주여, 주의 말씀이 제게 주어질 때 온전히 집중해서 들을 수 있도록 도와주소서. 제가 말씀을 듣고도 멸망하는 일이 없게 하소서. 주의 말씀이 제 마음속에 능력으로 임하게 하소서. 말씀이 빛과 능력과 은혜와 함께 임하게 하소서."

당신의 마음에서 육체의 정욕이 제거되고, 그리스도의 보혈로 마음이 정결케 되도록, 그리스도께 의존하는 마음으로, 궁핍한 죄인으로 하나님의 집을 찾아가게 해달라고 기도하라. 그리스도 안에서 우리를 성결케 하는 하나님의 임재를 위해, 마음과 영혼 안에 하나님과의 참된 교통이 있도록 기도하라.

당신의 사역자가 성령의 기름부음을 받아, 입을 열어

복음의 비밀을 담대히 말하게 해주시길 기도하라(엡 6:19 참조). 죄를 깨닫게 하고, 활력을 주고, 겸손케 하고, 위로를 주는 성령의 능력이 부어져 하나님의 규례들 가운데 역사함으로 하나님의 약속들이 이루어지길 기도하라(잠 1:23).

2. **말씀에 대한 왕성한 식욕을 가지고 오라.** 식욕은 소화와 성장을 촉진시킨다. 베드로는 "갓난아기들 같이 순전하고 신령한 젖을 사모하라 이는 그로 말미암아 너희로 구원에 이르도록 자라게 하려 함이라"(벧전 2:2)고 말하며 영적인 식욕을 가지라고 권면했다. 마찬가지로, 솔로몬은 "너는 하나님의 집에 들어갈 때에 네 발을 삼갈지어다 가까이 하여 말씀을 듣는 것(ready to hear)이 우매한 자들이 제물 드리는 것보다 나으니"(전 5:1)라고 충고했다.

말씀에 대한 왕성한 식욕은 "주님, 무엇을 하리이까?"(행 22:10)라고 묻는, 부드럽고 배우려는 마음을 가진 것을 의미한다. 완고하고, 준비되지 않은, 세속적인 마음을 가지고 예배에 임하면서 축복을 기대하는 것은 어리

석은 일이다.[1]

청교도들은 예배를 위한 준비가 토요일 저녁부터 시작되어야 한다고 말했다. 사람들이 주일 아침에 따뜻한 빵을 먹기 위해 토요일 저녁에 빵을 굽는 것처럼, 주일 예배를 위해 마음이 뜨거워지도록 토요일 저녁부터 말씀을 공부해야 한다.

만약 안식일에 전해질 설교 본문을 알고 있다면 토요일 밤에 그 본문을 공부하며 시간을 보내라. 당신과 당신의 아이들은 토요일 밤에 충분히 자고 주일 아침에 일찍 일어나 여유 있게 예배 참석 준비를 하도록 하라.

3. **하나님의 집에 들어갈 때 설교 말씀의 중요성에 대해 묵상하라.** 하늘과 땅의 높고 거룩하신 삼위일체 하나님이 당신에게 직접 말씀하시기 위해 당신을 만나고 계신다. 토마스 보스턴(Thomas Boston)은 "목소리는 땅에 있으

1. Watson, *Body of Divinity*, 377.

나 말씀하시는 이는 하늘에 계시다"(행 10:33)라고 말했다.[2] 얼마나 경외심을 불러일으키는 생각인가! 복음은 사람의 말이 아닌 하나님의 말씀이 교회에 임하는 것이다. 하나님의 말씀을 충실히 전달하려는 사역자의 노력에 깊이 감사해야 하지만, "오직 예수 외에는 아무도" 보지 않도록 기도하라(마 17:8). 사역자들은 하나님의 말씀을 당신에게 전해주는 하나님의 대사들에 불과하다(고후 5:20; 히 13:7). 그들이 아니라 그들이 전하는 하나님의 말씀에 초점을 두고, 언젠가 하나님이 당신에게 주신 모든 설교에 대해 하나님 앞에 직고하게 될 거라는 사실을 항상 명심하라.

자녀들에게 모든 설교는 영원히 중요하다는 것을 가르치라. 구원은 믿음을 통해 오고, 믿음은 하나님의 말씀을 들음으로 온다(롬 10:13-16). 따라서 모든 설교는 생사의 문제다(신 32:47; 고후 2:15-16). 전파되는 복음은 우리를 하늘나라로 끌어올리거나 지옥으로 던져버릴 것이다. 그것은 우리의 구원을 돕거나 우리의 정죄를 심화시킬 것이다.

---

2. Boston, *Works*, 2:28.

그것은 우리를 사랑의 끈으로 끌어당기거나 불신의 덫에 걸린 채 내버려둘 것이다. 그것은 우리를 부드럽게 하거나 완고하게 할 것이며(마 13:14-15), 우리의 눈을 밝히거나 어둡게 하고(롬 11:10), 그리스도를 향해 우리의 마음을 열거나 혹은 닫아버릴 것이다. "누구든 복음 설교를 듣고 하늘 나라로 더 가까이 들려 올라갈수록 그 말씀에 주의하지 않을 때는 지옥으로 더 깊이 떨어질 것이다"라고 데이비드 클락슨(David Clarkson)이 말했다.[3] "그러므로 너희가 어떻게 들을까 스스로 삼가라!"

더 나아가, 당신은 안식일마다 한 주간을 위한 영적 양식과 물자들을 공급받고 있다는 것을 기억하라. 청교도들은 안식일을 "영혼을 위한 장날"이라고 불렀다.[4] 청교도들이 매주 영혼을 위한 장에 갔던 것처럼, 우리는 설교를 들음으로써 한 주간을 위한 영적 물자를 비축해두고 일

---

3. Clarkson, *Works*, 1:430-31.

4. James T. Dennison, Jr., *The Market Day of the Soul: The Puritan Doctrine of the Sabbath in England, 1532-1700* (Grand Rapids: Reformation Heritage Books, 2008 참조).

주일 동안 그것을 묵상하는 것이다. 그 모든 것은 매일의 경건의 시간과 그리스도인다운 삶으로 강화되어야 한다.

4. **하나님의 집에 들어갈 때 전쟁터에 들어가고 있다는 것을 명심하라.** 많은 대적들이 당신의 경청을 방해할 것이다. 내적으로는 세상의 염려, 육신의 정욕, 냉담한 마음, 비판적인 정신으로 주의가 흐트러질 것이다. 외적으로는 온도나 날씨, 다른 사람들의 행동이나 옷차림, 소음, 혹은 돌아다니는 사람들 때문에 주의가 산만해질 것이다. 사탄은 당신이 전력을 다해 하나님의 말씀을 듣는 것을 반대한다. 당신이 진실로 그 말씀을 들으면 자신의 손아귀에서 벗어나게 되리라는 것을 알기 때문이다. 따라서 사탄은 설교가 시작되기 전에 당신을 방해하려 하고, 설교 중에 당신의 집중력을 흐트러뜨리려 하고, 설교가 끝나자마자 당신의 마음에서 그것을 지워버리려 한다. 갓 뿌려진 씨앗을 잡아채가는 새처럼, 사탄은 당신의 마음과 생각 속에 하나님의 말씀이 뿌리를 내리지 못하도록 잡아채가려고 한다. 새뮤얼 아네슬리(Samuel Annesley)는 당신이

예배 중에 사탄에 의해 유혹을 받을 때 이렇게 그를 꾸짖으라고 조언한다. "사탄아, 물러가라! 나는 더 이상 협상하지 않을 것이다. 다른 사람들이 구원을 등한시한다고 해서 나도 그래야 하느냐? 그들이 구원을 놓친다고 내가 나의 구원을 잃어버리는 잘못이 경감되겠느냐? 그리스도를 통해 나는 네 제안을 거부한다."[5] 말씀을 잘 들음으로써 당신의 모든 원수들을 이길 힘을 달라고 거듭 기도하라.

5. **사랑하고 기대하는 믿음으로 나아오라(시 62:1, 5).** 듣기는 속히 하고, 말하기는 더디 하며, 마리아처럼 마음속으로 하나님의 말씀을 깊이 생각하기로 결심하라. 하나님의 말씀이 헛되이 그분에게 되돌아가지 않을 거라는 약속을 붙잡고 나아오라(사 55:10-11). 니느웨 사람들처럼 "하나님이 뜻을 돌이키시고 그 진노를 그치사 우리가 멸망하지 않게 하시리라 그렇지 않을 줄을 누가 알겠느

5. *Puritan Sermons*, 4:187.

냐"(욘 3:9)라고 말하며 나아오라.

하나님과 그의 위엄에 대한 경건한 두려움으로 나아오라. 하나님과 그의 말씀에 대한 경건한 기쁨으로 나아오라(시 119:97, 103). 시편 119편 140절의 다윗처럼 말하라. "주의 말씀이 심히 순수하므로 주의 종이 이를 사랑하나이다." 다윗처럼 하나님의 증거들을 "지극히" 사랑하고(167절), 순금보다 더 사랑하며(127절), 거의 마음이 상할 정도로 사모하라(20절). 다윗은 하나님의 말씀을 너무도 열렬히 사랑하여 그것을 "종일" 묵상했다(97절). 성령을 의지하여, 하나님의 말씀에 대한 그러한 사랑을 키워 가라.

3장
설교 말씀을 받기

▲

▲

영국의 제임스 2세(James II)가 청교도들과 대립할 때의 일이다. 왕은 영국 교회의 모든 사역자들에게 성명서를 보내어 주일날 모든 회중에게 그것을 읽어주라고 명령했다. 그 법안은 청교도 설교 양식뿐 아니라 신약의 기독교를 반대하였기 때문에, 청교도들은 그 법령을 읽는 것을 몹시 혐오했다. 한 청교도 설교자는 그의 회중에게 이렇게 말했다. "나는 이 교회 건물 안에서 제임스 2세 왕이 보낸 이 법안을 읽어야 합니다. 그러나 여러분이 그것을 꼭 들어야 하는 것은 아닙니다." 회중은 교회를 떠났고, 그 사역자는 텅 빈 교회에서 그 법안을 읽었다. 이 이야기를 여기서 언급한 요지는 이것이다. 많은 사람들이 마치 하나님의 말씀을 듣지 않아도 상관 없는 것처럼 건성으로 설교를 듣는다. 마찬가지로, 많은 설교자들은 영원한 영혼을 가진 사람들 대신 텅 빈 회중석을 향해 말하듯이 설교한다.

하나님의 말씀은 사역자와 듣는 자 모두를 필요로 한다. 듣는 자가 제대로 듣지 못해서 말씀에서 유익을 얻지 못하면 영적 성장은 있을 수 없다. 말씀을 받는 것은 "설교 말씀을 듣는 자들이 성경에 기초하여 그들이 들은 바 말씀의 내용을 살피고, 믿음과 사랑과 온유함과 기꺼운 순종의 마음으로 그 진리를 하나님의 말씀으로 받는 것"을 포함한다(대요리문답 제160문). 다음은 하나님의 말씀을 올바르게 듣기 위한 몇 가지 지침들이다.

1. 깨닫는 마음, 부드러운 양심을 갖고 들으라

예수님의 씨 뿌리는 자 비유(마 13:3-23; 막 4:1-20; 눅 8:4-15)는 네 종류의 듣는 자들을 보여준다.

• **돌 같은 단단한 심령으로 피상적으로 듣는 사람.** 이 사람은 딱딱한 길가와 같다. 씨 뿌리는 자의 씨앗, 곧 하나님의 말씀은 이 굳은 마음에 거의 감명을 주지 못한다. 복음은 이 사람을 관통하지 못하며, 율법은 그를 두렵게 하지 못한다. 사역자가 십계명을 모두 전하며 사람들의 곤고함과 사람들의 죄를 다루어도 돌 같은 자는 그것을 무시해 버린다. 사역자가 양심을 건드려도, 이 굳은 마음은 다른 사람들에게 책임을 전가한다. 하나님의 말씀으로 자신의 죄를 깨달아 삶을 바꾸지 않는다. 그는 설교를 마음에 새기지 않는다.

• **쉽게 감동을 받으나 저항하는 사람.** 어떤 씨앗은 돌밭에 떨어진다. 씨앗에서 싹이 나오나 영양분이 충분하지 않아 말라 죽어 버린다. 그 식물은 돌 때문에 뿌리가 자랄 수 없기 때문에 살아남을 수 없다. 여기서 나타내는 것은 처음에는 말씀을 잘 듣는 것처럼 보이는 사람이다. 이 사람은 자신의 삶에 종교를 추가하려 하지만, 자기 부인과 그리스도의 십자가를 지고 그분을

따르는 것을 포함하는 철저한 제자도에 관해서는 듣고 싶어 하지 않는다. 따라서 박해가 오면 이 사람은 실생활에서 복음을 실천하지 못한다. 그는 세상, 교회, 그리고 하나님과 친구가 되기 원한다. 이스라엘 백성들처럼 이 사람은 선택을 하라는 도전을 받을 때 하나님의 말씀에 응답하지 않는다. "너희가 어느 때까지 둘 사이에서 머뭇머뭇 하려느냐 여호와가 만일 하나님이면 그를 따르고 바알이 만일 하나님이면 그를 따를지니라 하니 백성이 말 한마디도 대답하지 아니하는지라"(왕상 18:21). 말씀을 듣는 우리는 하나님과 세상을 다 가질 수 없다. 세상과 친구가 되는 것은 하나님과 원수가 되는 것이다. 우리는 선택을 해야만 한다.

- **절반만 마음을 기울이는, 마음이 흐트러진 사람.** 말씀의 씨앗 중 일부는 가시가 가득한 땅에 떨어진다. 누가복음 8장 14절 말씀처럼 "가시떨기에 떨어졌다는 것은 말씀을 들은 자이나 지내는 중 이생의 염려와 재물과 향락에 기운이 막혀 온전히 결실하지 못하는 자"를

말한다. 이런 사람은 한 귀로 하나님의 말씀을 들으면서 다른 한편으로는 사업, 이율, 연금, 인플레이션에 대해 생각한다. 그는 부분적으로만 하나님을 섬긴다. 하나님의 말씀이 가시떨기 때문에 금방 기운이 막혀 버린다.

• **듣고 깨달아 열매를 맺는 사람.** 씨앗의 일부는 비옥한 땅에 떨어진다. 예수님은 이 사람이 하나님의 말씀을 듣고 깨닫는 자라고 말씀하신다(마 13:23). 씨앗이 비옥한 땅에서 곧바로 뿌리를 내리듯이, 하나님의 진리가 이 사람의 간절한 마음에 심겨진다. 싹이 나고 뿌리가 깊이 뿌리내리고 건강한 잎이 나오듯이, 하나님의 말씀이 이 사람의 삶과 가정, 사업, 관계, 행동에 깊이 흡수된다. 성령님의 도우심으로, 이 사람은 주일에 들은 복음의 가르침을 한주간 동안 자신의 삶에 적용한다. 그는 예수 그리스도께서 자신을 위해 모든 것을 희생하셨기에 그리스도께 감사와 순종으로 내어드리기 어려운 것은 아무것도 없다고 마음으로 믿는다. 그는 먼

저 하나님의 나라를 구한다(마 6:33). 은혜가 그의 마음을 다스린다. 그는 결실하여 "어떤 것은 백 배, 어떤 것은 육십 배, 어떤 것은 삼십 배"가 된다(마 13:23).

2. 설교 말씀을 집중해서 들으라

누가복음 19장 48절은 그리스도께 귀를 기울였던 사람들을 묘사한다. 문자 그대로 번역하면, "그들은 들으면서 그에게 매달렸다." 한편 루디아는 바울의 말에 주의를 기울여 들을 때 그 마음이 열려 있었다(행 16:14). 그렇게 주의를 기울인다는 것은 방황하는 생각들과 우둔한 마음, 졸음 등을 몰아내는 것을 포함한다(마 13:25). 그것은 설교를 생사의 문제로 간주하는 태도이다(신 32:47).

우리는 구경꾼이 아닌 참여자로 설교를 들어야 한다. 사역자 혼자만 노력해서는 안 된다. 잘 듣는 것은 힘든 일이며, 그것은 듣는 내내 하나님을 예배하는 것을 포함한다. 주의 깊게 듣는 사람은 속히 반응하며-그것이 회개든, 결심이든, 결단이든, 찬양이든 간에-그 안에서 하나님이 영광을 받으신다. 잠언 18절 15절 말씀처럼 "명철한

자의 마음은 지식을 얻고 지혜로운 자의 귀는 지식을 구한다." 이 잠언 말씀에 사용된 동사는 활발한 정신적 활동을 가리킨다.

너무나 많은 사람들이 숟가락으로 떠먹여주길 기대하며 교회에 온다. 그들은 생각하거나 배우거나 성장하려는 갈망이 없다. 그저 익숙한 설교를 듣고 싶을 뿐이다. 그들은 은혜와 주 예수 그리스도를 아는 지식 안에서 성장하기를 갈망하지 않는다. 그런 수동적인 태도는 정상적이지 않다. 삶의 다른 영역에서는 남이 숟가락으로 떠먹여주는 것을 모두들 거부하기 때문이다. 어린아이도 친구들이 보는 앞에서 엄마가 음식을 떠먹여주면 당황할 것이다. 학교와 직장에서 사람들은 지적인 도전들을 기대한다. 그러나 많은 사람들이 교회에서는 감정적, 지적, 영적 도전을 원치 않는다. 그들은 하나님의 말씀으로 죄를 깨닫고 도전받는 것보다 등을 토닥거려주거나 그냥 내버려두길 원한다. 바울의 서신들로부터 그리스도인의 삶에 관한 명백한 가르침을 듣는 대신, 주일마다 성경 이야기나 듣기 원한다.

예수님은 말씀을 듣는 자들에게 숟가락으로 떠먹여주지 않으셨다. 어떤 비유에서 예수님은 불의한 재판관에 대해 말씀하셨다. 예수님은 하나님을 재판관에 비유하셨으나 하나님이 어떻게 불의하지 않으신지를 장황하게 설명하면서 시간을 허비하지 않으셨다. 그보다 예수님은 듣는 자들이 스스로 사고를 해서 이 비유의 어려운 가르침을 이해하도록 도전하셨다. 그는 듣는 자들이 통찰력과 확신을 갖길 기대하셨기 때문에 양해를 구하지 않고 강력한 발언을 하실 수 있었다. 예를 들면 누가복음 14장 26절에서 이렇게 말씀하셨다. "무릇 내게 오는 자가 자기 부모와 처자와 형제와 자매와 더욱이 자기 목숨까지 미워하지 아니하면 능히 내 제자가 되지 못하고." 예수님은 종종 진리를 선포하신 후 아무 설명도 해주지 않으셨다. 이를테면 손을 잘라버리는 것, 눈을 뽑는 것, 발을 잘라내는 것에 대해 말씀하셨다. 몇몇 어둠의 자식들이 빛의 자녀들보다 더 영리하다고 말씀하셨다. 그분은 은유와 과장법, 기타 다른 비유적 표현들을 사용하셨다. 오해를 불러올 위험을 무릅쓰고, 자신을 따르는 자들에게 숟가락으로 떠먹여주기를 거부하셨다.

예수님은 그의 말씀을 듣는 자들에게 "너희가 어떻게 들을까 스스로 삼가라"고 말씀하셨다. 그분은 또한 우리에게 듣는 것을 깨달으라고 명령하셨다. 그분은 우리에게 생각을 하도록 도전하시며, 그것은 노력을 요한다.

'주의를 기울이다(attend)'라는 단어는 두 개의 라틴어 단어에서 파생되었다. 첫 번째 단어는 'to'를 의미하며, 두 번째 단어 'tendo'는 '늘이다' 혹은 '구부리다'라는 뜻이다. 여기서 파생된 단어 중에 'tendon(힘줄)'이라는 단어가 있다. 따라서 'attend'라는 단어는 문자적으로 우리가 잘 들음으로써 우리의 마음을 늘여야 한다는 것이다. 이것은 우리의 모든 정신적, 영적 힘을 다해 메시지의 의미를 이해하려고 애쓴다는 뜻이다. 당신은 말씀을 들을 때 영적인 근육을 늘이고 있는가? 전파되는 말씀에 주의를 기울이는가?

하나님의 말씀을 들을 때 자신에게 이렇게 물어보라. '하나님은 이 설교로 인해 우리가 어떻게 달라지기를 원하시는가?' 하나님께서 당신이 전에 몰랐던 무엇을 알기 원하시는지 물어보라. 하나님께서 당신이 믿기 원하시는 어떤 진리를 당신이 배우고 있는지 물어보라. 하나님께서 당신이 그 진리를 어떻게 실행에 옮기기 원하시는지 물어보라. 당신이 듣는 모든 설교 안에서-기본적 복음에 관한 설교라도-하나님은 당신이 믿고 실천해야 할 진리를 주신다. 열심히 들을 수 있는 은혜를 달라고 기도하라.

3. 복종하는 믿음으로 들으라

야고보서 1장 21절 말씀처럼 "마음에 심어진 말씀을 온유함으로 받으라." 이러한 온유함은 복종적인 마음의 틀, 즉 "말씀의 조언과 책망을 기꺼이 들으려는 자세"를 의미한다.[1] 이러한 믿음이 있어야 말씀이 영혼에 심겨지고 "달콤한 의의 열매"를 맺는다.[2]

믿음은 말씀을 유익하게 받기 위한 열쇠이다. 루터는 이렇게 말했다. "믿음은 공로가 아니라 선물이다. 그러나

---

1. Watson, *Body of Divinity*, 377.

2. 같은 책, 378.

그것은 오직 말씀을 듣는 것과 공부하는 것을 통해서 주어진다." 어떤 약물의 주성분이 빠지면 그 약은 효과가 없을 것이다. 그러므로 설교를 들을 때 효과를 얻기 위한 주성분인 믿음을 빠뜨리지 않도록 하라. 말씀이 전해질 때, 그 안에 담긴 약속과 초대, 훈계를 포함하여 그 말씀 전부를 믿고 적용하는 은혜를 구하라(롬 13:14).[3]

"말씀 전부가 믿음의 대상이다"라고 토마스 맨턴(Thomas Manton)이 말했다. 그러므로 우리는 "역사에 대한 믿음에서 경고와 주의를 받고, 교리에 대한 믿음에서 경외심과 공경심을 배우고, 징벌의 경고에 대한 믿음에서 겸손을 배우고, 교훈에 대한 믿음에서 복종을 배우고, 약속에 대한 믿음에서 위로를 얻는다. 그것들은 모두 쓰임새가 있다. 역사는 우리로 하여금 경계하며 주의하게 하고, 교리는 하나님의 본성과 뜻을 조명하여 주며, 교훈은 우리가 갈 길을 알려주고 우리의 순종을 시험하고 통제하며, 약속은 우리를 응원하고 위로해주고, 징벌의 경고

---

3. 같은 책.

는 우리를 두렵게 하여 새롭게 그리스도께 달려가 피난처 되시는 하나님께 감사하며 우리의 의무를 다하도록 독려해준다."[4]

4. 겸손하고 진지하게 자신을 점검하며 들으라

나는 하나님의 말씀을 듣고 겸손히 자신을 돌아보며 그 말씀으로 인해 두려워 떠는가(사 66:2)? 나 자신의 부패함을 긴밀히 인식하면서, 학생 같은 배우는 태도로 하나님의 진리를 받으며 유순하고 복종하는 마음을 배양하는가? 설교를 들으며 진지하게 나 자신을 살피고, 다른 사람들을 가르치기보다 나 자신이 가르침을 얻기 위해 듣는가? 우리는 예수님께 "주님, 이 사람은 어떻게 되겠사옵나이까?"라고 물었던 베드로처럼 반응해서는 안 된다. 우리는 "네게 무슨 상관이냐 너는 나를 따르라"는 예수님의 권면을 들어야 한다(요 21:21-22). 은혜받은 징표들 앞에

---

4. Thomas Manton, *The Life of Faith* (Ross-shire, Scotland: Christian Focus, 1997), 223-24.

서 우리는 이렇게 물어야 한다. '나는 이 징표들을 경험하고 있는가? 내가 탈선했던 지점에서 책망이나 훈계를 받기 원하는 자세로 하나님의 진리에 귀를 기울이는가? 나는 하나님의 말씀을 내 삶에 적용하며 즐거워하는가? 로버트 번즈(Robert Burns)가 말한 것처럼 성령께서 그의 말씀을 나의 삶과 나의 가슴에 적용해주시기를 기도하는가?'[5]

한 의사가 당신과 당신 자녀들의 건강을 유지하는 법을 말해줄 때 당신은 그의 지시를 따르기 위해 그 말을 주의 깊게 듣지 않겠는가? 하늘의 의사이신 주님께서 당신의 영혼을 위한 거룩한 지침들을 주실 때, 당신의 삶을 위한 하나님의 지시를 따르기 위해 모든 말씀을 주의 깊게 들어야 하지 않겠는가?

---

5. *The Works of Thomas Halyburton* (London: Thomas Tegg, 1835), xiv.

4장
설교 말씀을 실천하기

▲

▲

웨스트민스터 신학자들은 "설교 말씀을 듣는 자들에게 요구되는 것은, 들은 말씀을 묵상하고, 심령속에서 그것에 대해 생각하며, 삶 속에서 그 열매를 맺는 것이다"라고 말했다(대요리문답 제160문). 우리는 주의하여 들은 말씀을 또한 실천해야 한다. 여기에 몇 가지 방법이 있다.

1. 들은 말씀을 간직하고 그 말씀을 놓고 기도하는 일에 분투하라

히브리서 2장 1절은 "그러므로 우리는 들은 것에 더욱 유념함으로 우리가 흘러 떠내려가지 않도록 함이 마땅하니라"고 말한다. 토마스 왓슨(Thomas Watson)은 물이 체를 통과하는 것처럼 설교 말씀이 우리 마음을 통과해 흘러가게 하면 안된다고 말했다. "우리의 기억은 율법이 보관되어 있던 언약궤와 같아야 한다"고 그는 말했다.[1] 조셉 얼라인(Joseph Alleine)은 설교 말씀을 기억하는 한 가지 방법이 "무릎에서 설교로, 설교에서 무릎으로" 가는 것이라고 말했다.[2]

많은 사람들이 필기가 설교 말씀을 간직하는 데 도움이 됨을 발견한다. 어느 연세 많은 여자분이 나에게 이렇게 말했다. "나는 설교 내용을 꼼꼼히 기록합니다. 주일 저녁에 무릎 꿇고 기도할 때 그 노트를 앞에 두고 내가 실천하려고 노력해야 하는 것들에 밑줄을 그은 다음 한 가지씩 기도를 합니다." 많은 사람들에게 노트 필기가 하나님이 그들의 마음에 도전하시는 구체적인 사항들을 기억하는 데 도움이 된다. 그러나 노트 필기가 모든 사람에

---

1. Watson, *Body of Divinity*, 378.

2. Joseph Alleine, *A Sure Guide to Heaven* (Edinburgh: Banner of Truth Trust, 1999), 29.

게 도움이 되는 것은 아니다. 어떤 사람에게는 기록하는 것이 오히려 경청을 방해한다. 생각의 흐름을 끊기 때문이다. 그럴 경우 노트 필기는 득보다 해가 된다. 무엇이든 들은 설교를 기억하고 그것에 대해 기도하는 데 도움이 되는 것을 하라.

2. 들은 진리들과 친숙해져라

웨스트민스터 공중 예배모범(Westminster Directory for Public Worship)은 부모들에게 "가족들이 각각 자신이 들은 것을 설명해보게 함으로써 설교를 되새기는 활동을 하라"고 조언한다.[3] 교회에서 집으로 돌아왔을 때 사랑하는 이들에게 유익하고 실제적인 방식으로 당신이 들은 설교에 대해 이야기하라. 가장 어린 자녀도 이해할 수 있는 말로 그 설교에 대해 이야기하라.

자녀들이 설교 내용을 메모하도록 격려하라. 내 아내와 나는 아이들이 7살 때부터 설교를 기록하도록 훈련시

---

3. *Westminster Confession of Faith*, 386.

켰다. 주일마다 마지막 예배가 끝나면 가족이 모여 필기한 것들을 읽으며 설교에 대해 이야기했다. 때로는 그 토론이 설교 자체보다 아이들에게 더 큰 도움이 되기도 했다. 대화를 통해 바라는 결과를 얻지 못할 때에도 이렇게 주일 설교 내용을 되새기려는 시도를 계속하라. 부족하더라도 아예 시도하지 않는 것보다 낫다.

그밖에, 설교에 대해 동료 신자들과 함께 이야기를 나누라. 하나님의 복은 그런 교제 가운데 임한다. 말라기 3장 16절은 "그 때에 여호와를 경외하는 자들이 피차에 말하매 여호와께서 그것을 분명히 들으시고 여호와를 경외하는 자와 그 이름을 존중히 여기는 자를 위하여 여호와 앞에 있는 기념책에 기록하셨느니라"라고 말한다.

말씀에서 배운 교훈을 사람들과 함께 나누라. 다른 사람들과 이야기를 나눌 때 그 교훈이 마음속에 더 깊이 새겨질 뿐만 아니라 다른 이들에게도 도움이 될 것이다. 잠언 27장 17절은 "철이 철을 날카롭게 하는 것같이 사람이 그의 친구의 얼굴을 빛나게 하느니라"고 말한다.

설교가 끝난 후 시시한 세상적 대화를 나누지 말라. 정치, 사람들, 스포츠, 사건 소식들 등에 대한 피상적인 대화는 사탄이 그의 독수리들을 보내 말씀의 좋은 씨앗을 낚아채게 만드는 수단이다. 그 대신 설교와 관련된 대화를 나누라. 성경, 그리스도, 영혼, 영원한 세계에 대한 대화를 나누라. 또한 설교에 대해 이야기할 때는 비판 정신을 멀리하라. 매몰차게 설교를 판단하지 말라. 그런 정신은 영적 생명을 약화시킨다. 빠진 것에 대해 말하지 말고, 전해진 말씀에 집중하라. 사랑의 영으로 듣고, 설교에 대한 실망은 비판이 아닌 간구로 바꾸어라.

한편 공적으로 들은 것을 사적으로 묵상하여 설교와 친숙해지는 것이 중요하다. 바울은 고린도인들에게 이렇게 말했다. "형제들아 내가 너희에게 전한 복음을 너희에게 알게 하노니 이는 너희가 받은 것이요 또 그 가운데 선 것이라 너희가 만일 내가 전한 그 말을 굳게 지키고 헛되이 믿지 아니하였으면 그로 말미암아 구원을 받으리라"(고전 15:1-2). 묵상은 진리를 소화하여 자신의 것으로 만드는 수단이다. 성령의 도우심으로 설교를 올바로 묵상하면 설교 말씀을 적용하지 않고 한 주간을 보낼 때보다 훨씬 더 유익을 얻을 것이다. 당신이 들을 마지막 설교인 것처럼 매 설교를 묵상하라. 실제로 그것이 마지막 설교가 될 수 있다. 개인적으로 본문에 대한 공부를 더 하는 것이 묵상에 도움이 된다면 어떻게든 시간을 내어 공부를 하라. 본문에 대한 주석을 읽으라. 이를테면 존 칼빈, 매튜 헨리, 매튜 풀의 주석이나 기타 성경을 건전하고 유능하게 주해하는 현대 저자들의 주석을 활용하라. 마지막으로, 들은 메시지에 대해 기도하고 그것을 당신의 삶에 적용하라.

3. 설교를 실천하라

설교는 사역자가 "아멘"이라고 말할 때 끝나지 않는다. 오히려 바로 그때 진정한 설교가 시작되는 것이다. 스코틀랜드의 옛 이야기에서 어떤 아내가 남편에게 설교가 끝났는지 물었다. 그는 "아니오"라고 대답했다. "말씀은 끝났지만 아직 실천이 남아 있소." 항상 당신이 들은 설교 말씀대로 살려고 노력하라. 그것이 비록 자신을 부인하고, 십자가를 지고, 의를 위해 고난당하는 것을 의미할

지라도 말이다. 설교를 들어도 그것이 당신의 삶을 개혁하지 못한다면 그것은 당신의 영혼을 구원하지 못할 것이다.

야고보서 1장 22-25절은 우리에게 이렇게 말한다. "너희는 말씀을 행하는 자가 되고 듣기만 하여 자신을 속이는 자가 되지 말라 누구든지 말씀을 듣고 행하지 아니하면 그는 거울로 자기의 생긴 얼굴을 보는 사람과 같아서 제 자신을 보고 가서 그 모습이 어떠했는지를 곧 잊어버리거니와 자유롭게 하는 온전한 율법을 들여다보고 있는 자는 듣고 잊어버리는 자가 아니요 실천하는 자니 이 사람은 그 행하는 일에 복을 받으리라." 많은 사람들이 주일에 설교를 듣고, 말씀의 거울에 자신을 비추어 보며, 죄를 깨닫는다. 하지만 월요일 아침이 되면 들었던 모든 진리를 버린다. 지식이 가득해도 열매 맺는 삶이 따르지 않으면 무슨 소용이 있는가?

참된 경청은 하나님의 말씀을 적용하는 것을 의미한다. 하나님의 말씀을 들은 후에 실천하지 않는다면 참으로 하나님의 메시지를 들은 것이 아니다. 좋은 땅에 떨어진 씨앗이 열매를 맺듯이, 진정으로 말씀을 깨달은 사람은 삶 속에서 열매를 맺는다.

많은 사람들이 하나님의 말씀에서 들은 진리들을 삶으로 실천하지 않는다. 그 몇 가지 이유를 열거해본다.

- 구원 신앙이 없기 때문이다. 데살로니가후서 3장 2절 말씀처럼 "믿음은 모든 사람의 것이 아니다." 어떤 사람들은 불신앙과 반역심으로 복음을 반대하는가 하면, 어떤 이들은 뜨겁지도 차갑지도 않은 상태에 머물러 있다. 또 영적으로 너무 게을러서 관심을 갖지 않는 이들은 "진리의 사랑을 받지 아니하여 구원함을 받지 못한다"(살후 2:10). 우리는 스스로 물어보아야 한다. 나는 진정한 그리스도인인가? 내가 구원을 받지 못했기 때문에 하나님의 말씀을 실천하는 데 조금도 진전을 보이지 못하고 있을 가능성이 있는가?

- 죄를 너무 많이 사랑하기 때문이다. 히브리서 저자는

죄가 주는 쾌락에 대해 이야기한다. 나는 종종 사람들이 이렇게 말하는 것을 듣는다. "이것이 옳지 않다는 건 알지만 그냥 그렇게 살아요" 혹은 "그냥 그걸 포기할 수 없어요"라든가 "더 나쁜 일을 할 수도 있었는데 안 했잖아요"라고 변명을 한다.

- 들은 말씀을 억누르기 때문이다. 하나님이 주신 확신들을 묵살하고 육신의 정욕과 바쁜 생활로 양심의 목소리를 억누른다.

- 설교 말씀을 적용하는 것보다 사역자에게 더 집중하기 때문이다. 이런 사람들은 종종 신실한 증인이 되기보다 자기 입맛대로 교회를 자주 옮겨다닌다. 존 뉴턴의 충고가 이런 사람들에게 특히 잘 적용된다.

> 새로운 설교자들을 따라 부적절하게 교회를 옮겨다니는 많은 사람들을 보면서 잠언 27장 8절 말씀이 생각났다. "고향을 떠나 유리하는 사

람은 보금자리를 떠나 떠도는 새와 같으니라."
그렇게 불안정한 사람들은 좀처럼 번성하지 못한다. 그들은 대개 자만심이 커지며, 머릿속에 관념들이 가득하며, 메마른 비판 정신을 습득하고, 말씀을 듣고 유익을 얻기보다 누가 가장 훌륭한 설교자인지 논하는 데 더 열중한다. 실제로 당신의 영혼에 복을 나누어줄 능력을 가진 사람을 발견할 수 있다면, 당신은 그를 따라다니면 될 것이다. 그러나 복은 하나님의 손 안에 있으므로, 하나님의 섭리가 당신을 두신 곳, 하나님이 전에 당신을 만나주신 곳에서 기다릴 때 그 복을 받을 가능성이 더 클 것이다.[4]

• 하나님의 음성에 순종하지 않기 때문이다. 그리스도인의 첫 사랑은 열정을 일으킨다. 그러나 첫 사랑이 식으

---

4. Newton, *Works*, 1:220-21. Cf. D. Martyn Lloyd-Jones, *Preaching and Preachers* (Grand Rapids: Zondervan, 1971), 153-54.

면 일부 그리스도인들은 퇴보하기 시작한다. 많은 이들이 흔들리는 이유는 말씀에 순종하는 방법을 듣지 못했기 때문이다. 그들은 어떻게 사랑하고, 용서하고, 거룩해지고, 어떻게 성령의 열매를 맺는지 가르침받지 못했다(갈 5:22-23). 그러나 성경은 하나님께 순종하는 것, 선을 행하는 것, 선을 행하다가 낙심하지 않는 것에 대해 많이 이야기한다. 로마서 12장에서 바울은 교회에 그리스도인의 행함을 가르친다. 야고보서는 어떻게 혀를 사용하고, 선을 행하며, 하나님의 뜻을 따를지 지혜를 알려준다.

하나님의 말씀이 우리에게 행하라고 명령하는 것을 어떻게 실천할 수 있을까? 다음은 그리스도인의 삶의 실천을 위한 몇 가지 지침들이다.

(1) **우리에게 어떻게 살아야 하는지 가르쳐주는 설교 말씀을 주의 깊게 들으라.** 베뢰아 사람들처럼, 들은 것이 진리인지 알아보기 위해 성경을 찾아보라. 분별력을 가지고

듣되, 어떤 메시지가 성경적이라는 확신이 들면 자신에게 이렇게 물어보라. '나는 이 설교를 어떻게 실천할 수 있을까?' 어쩌면 당신은 어떤 죄들을 피하라는 설교를 들었을 것이다. 그러면 이렇게 질문해보라. '어떻게 이 죄들을 피할 수 있을까? 어떤 조치를 취해야 할까?' 또는 다른 사람들에게 그리스도를 전해야 하는 이유에 관한 설교를 들었을 수도 있다. 당신은 회심한 지 얼마 되지 않았고 부모님에게 그리스도에 대해 이야기해본 적이 없다. 그렇다면 하나님께 무슨 말을 해야 하는지 여쭙고, 어떻게 말할지 생각하고, 말할 기회를 위해 기도하라.

(2) **나이 많고 경험 많은 그리스도인들의 조언을 구하라.** 그리스도인으로서 어떻게 살아야 하는지에 대해 영적으로 성숙한 사람들과 이야기해보라. 예를 들면, "원수를 사랑한다는 것이 무슨 뜻입니까?"라고 물어보고 지혜로운 사람의 조언을 통해 배우라.

하나님의 말씀을 찾아보고, 성숙한 신자들에게 조언을 구하고, 당신 자신의 양심과 동기를 살펴본 후에도 여전히 하나님이 당신을 어디로 인도하고 계신지 모르겠다면 한 걸음 뒤로 물러나보라. 당신 자신에게 이렇게 물어보라. '나의 모든 행동을 규율하는 가장 큰 계명은 무엇인가? 그것은 하나님을 다른 무엇보다 사랑하고 내 이웃을 내 몸처럼 사랑하는 것 아닌가(마 22:37-39)?' 그것을 깨달으면, 자아나 마귀에게서 비롯되는 사랑을 떠나 하나님께 초점을 둔 사랑으로 옮겨갈 것이다.

하나님과 이웃을 사랑하려면 섬기는 삶을 살아야 한다. 하나님을 참으로 사랑하는 사람들은 하나님과 이웃을 섬긴다. 그 때문에 그리스도께서 이 땅에서 그러한 삶을 사신 것이다. 그리스도께서는 자신의 영광을 버리고 자신을 비워 아버지와 죄인들의 종이 되셨다(빌 2:6-8). 들은 진리들을 실천하는 것은 우리가 더욱 그리스도를 닮게 만들어준다.

(3) **설교로부터 받은 모든 것들에 대해 하나님께 감사하라.** 당신이 하나님의 지시를 실천할 수 있을 때 하나님께 영광을 돌리라. 종종 우리가 받은 것에 대해 감사하지 않

아서 거의 아무것도 받지 못할까 봐 두렵다. 하이델베르크 교리문답은 "하나님은 진실한 갈망을 가지고 계속해서 그에게 구하고 또 감사하는 자들에게만 그의 은혜와 성령을 주실 것이다"(제116문)라고 말한다.[5]

(4) **성령을 의지하라.** 하나님께 그의 말씀과 함께 실효적 변화를 일으키시는 성령의 축복을 달라고 기도하라(행 10:44). 선포된 말씀은 성령의 축복 아래 우리의 삶 속에서 변화를 일으키는 능력이 될 것이다. 만약 말씀을 무시한다면 선포된 말씀이 우리를 정죄로 이끌 것이다. 토마스 왓슨이 말했듯이 "말씀은 어느 쪽으로든 효험이 있을 것이다. 그것이 당신의 마음을 더 선하게 만들지 못하면 당신의 사슬을 더 무겁게 만들 것이다."[6]

예수님은 누가복음 8장 18절에서 우리에게 이렇게 경고하신다. "그러므로 너희가 어떻게 들을까 스스로 삼가

5. *Doctrinal Standards, Liturgy, and Church Order* (Grand Rapids: Reformation Heritage Books, 1999), 81.

6. Watson, *Body of Divinity*, 380.

라 누구든지 있는 자는 받겠고 없는 자는 그 있는 줄로 아는 것까지도 빼앗기리라." 부주의하게 듣는 자들은 심판날에 모든 은혜의 수단을 빼앗길 것이다. 그때는 다른 설교를 듣기에 너무 늦을 것이다. 값없는 은혜의 장터는 영원히 닫힐 것이며, 하나님의 언약궤의 문도 영원히 닫힐 것이다.

한편, 우리가 하나님의 말씀을 듣고 행하는 법을 배우면 이생에서 많은 것을 받게 될 것이다. 올바로 받고 실천하는 진리는 더 많은 기독교의 진리로 나아가는 길을 닦아준다. 결국 그러한 진리들을 행함으로써 신자들은 그리스도의 충만함에 들어가게 된다. 그들은 시온에 나타날 때까지 은혜와 그리스도를 아는 지식 안에서 자라며 하나님의 충만함으로 충만해질 것이다.

하나님의 성령께서 말씀을 우리에게 적용하고 계심을 우리가 어떻게 알 수 있을까? 그 적용에 선행하는 것, 동반하는 것, 그 뒤에 오는 것을 살펴봄으로써 알 수 있다. 적용에 앞서, 성령께서는 우리의 영혼 안에 말씀을 위한 공간을 만드신다. 적용하실 때, 우리는 의와 능력을 감지하게 된다. 그것은 복음의 작고 세미한 음성일 수도 있고(왕상 19:12), 시내산의 천둥 소리일 수도 있다(출 19:16). 그 때 우리는 우리 영혼을 위해 필요한 것을 정확히 받고 있음을 납득하게 된다. 가장 중요한 것은, 하나님이 그의 말씀을 우리 영혼에 적용하실 때 "예수 그리스도로 말미암아 하나님의 영광과 찬송이 되는 의의 열매가"(빌 1:11) 우리 안에 가득해진다는 것이다. 우리의 옛 본성이 억제되고 죄악된 자아 숭배가 줄어들기 시작한다. 우리의 새로운 본성이 활발해지고 그리스도의 임재가 삶 속에서 점점 더 커진다. 반면에 성령께서 역사하시는 그런 증거가 우리 안에 나타나지 않으면, 우리는 말씀이 유익하게 사용되고 있지 않음을 알 수 있다. "열매로 나무를 안다"고 마태복음 12장 33절은 말한다. 이러한 열매에는 참된 회심(시 19:7상), 지혜(시 19:7하), 기쁨(시 19:8상), 화평(시 85:8), 달콤함(시 119:103), 자유(요 8:31-32), 찬양(시 119:171), 죽어가는 자를 위한 빛(시 19:8하)이 포함된다.

당신은 하나님의 말씀을 적극적으로 듣는 자인가? 그 말씀을 행하는 자인가? 아니면 건성으로 설교를 듣는 자인가? 당신의 죄를 회개하고 그의 말씀을 적극적으로 듣기 시작하라. 교회에 다니는 것만으로는 부족하다. 말씀을 적극적으로 듣고 행하는 자가 되어야 한다. 토마스 왓슨은 미온적인 태도로 듣는 자들에게 이렇게 경고한다. "그들은 설교를 가득 짊어지고 지옥으로 가고 있으니 참으로 끔찍하다."[7]

당신이 평생 미온적인 자세로 듣는 자였다면 예수님의 비유를 기억하라. 아버지가 두 아들에게 그의 포도원에서 일을 하라고 시키자, 첫째 아들은 가겠다고 말했으나 갈 시간이 되자 가지 않았고, 둘째 아들은 아버지의 말을 거절했으나 그 후에 회개하고 포도원으로 가서 아버지를 위해 일했다. 만일 당신이 여태까지 하나님 아버지의 가르침을 듣지 않았다면, 이제 회개와 겸손 가운데 그분께로 돌아가라. 하나님의 말씀을 듣고, 순종하고, 실천할 수 있도록 그의 은혜를 구하라.

"그러므로 너희가 어떻게 들을까 스스로 삼가라."

---

7. 같은 책.

기도 모임에 참석하기

|

"여자들과 예수의 어머니 마리아와
예수의 아우들과 더불어 마음을 같이하여
오로지 기도에 힘쓰더라."
-행 1:14

5장
기도 모임의 필요성

▲

▲

"그리스도인들이 기도 모임의 중요성을 제대로 인식할 때까지 교회들 안에서 좋은 변화를 그리 많이 보지 못할 것입니다." 이것은 찰스 스펄전이 그의 유명한 저서, "오직 기도 모임"에서 한 말이다.[1]

스펄전이 말한 "기도 모임"은 정해진 시간에 함께 기도하려고 모이는 신자들의 공식적인 모임을 의미했다. 나는 이 글에서 이런 모임을 공식적 예배와 구분하여 나타내기 위해 "공동 기도"라는 용어를 사용한다.

---

1. *Only a Prayer-meeting* (Ross-shire: Christian Focus, 2000), 9.

미국에서 기도 모임은 힘든 시기에 직면하였다. 한때 활력이 넘치고 성령께서 인도하시는 기도 모임을 가졌던 교회들에서 지금은 성도의 10퍼센트도 안 되는 이들만 기도하기 위해 모이고 있다. 많은 교회들에서 기도 모임은 냉랭하고 지루해졌다. 다른 교회들은 공동 기도를 위해 정기적으로 모이는 전통을 만들지 않았다.

루이스 톰슨은 다음과 같이 적절하게 말했다. "교회의 능동적인 경건성이 그 교회의 기도 모임에서 나타나는 것보다 더 나을 수 없는 것이 사실이고, 기압계처럼 교회의 영적 생활의 모든 변화들이 여기에 충실히 나타난다면, 목회자와 성도들은 기도 모임을 진행하는 데 아무리 주의를 기울여도 지나치지 않을 것이다."[2)]

지금은 기도 모임의 중요성을 재평가할 때다. 열렬히 함께 기도하지 않는 교회는 개혁과 부흥을 경험하길 바랄 수 없기 때문이다. 종교개혁 시대의 교회들이 종종 설

---

2. Lewis O. Thompson, *The Prayer-Meeting and Its Improvement* (Chicago: W. G. Holmes, 1878), 16.

교와 기도를 위해 매일 예배를 드렸다는 사실을 잊었는가? 지난 반 세기 동안 그리스도인들이 1년 365일 새벽마다(여름엔 새벽 5시에, 겨울엔 새벽 6시에) 모여서 기도한 한국에서 개혁 신앙이 세계의 다른 어느 곳보다 더 많은 부흥을 경험한 사실이 놀라운가? 이제 기도 모임을 좀더 자세히 살펴보자. 특히 그 모임의 성경적 근거, 역사, 목적, 정기적인 회중 모임에서의 실제적 실행에 대해 살펴보겠다. 하나님께서 우리가 기도에 대한 첫 사랑을 잃어버렸다는 것을 깨닫게 해주시고, 우리가 어디에서 떨어졌는지, 어떻게 회개해야 하는지, 어떻게 처음 행위로 돌아갈 것인지 가르쳐주시길 바란다(계 2:4-5).

6장
기도 모임의 성경적 근거

▲

▲

공동 기도는 성경에 뿌리를 두고 있다. 기도 모임의 역사에 관한 책에서 J. B. 존스톤은 공동 기도의 뿌리가 창세기 4장 26절이라고 주장한다. 거기에 보면 "그 때에 사람들이 비로소 여호와의 이름을 불렀더라"는 말씀이 나온다. 존스톤은 이렇게 말한다. "사람들이 은혜에 감동하여 함께 기도하는 가운데 기쁨을 발견했을 것이고, 그 결과 그 힘에 이끌려 공동 기도를 행했을 것이다."[1]

---

1. J. B. Johnston, *The Prayer-Meeting, and Its History, as Identified with the Life and Power of Godliness, and the Revival of Religion* (Pittsburgh: United Presbyterian Board, 1870), 27.

족장들 또한 공동 기도를 행했다. 창세기 21장 33절은 아브라함이 "브엘세바에 에셀 나무를 심고 거기서 영원하신 여호와의 이름을 불렀다"고 말한다. 종종 "프로세우카(Proseucha)"(제단과는 분명히 구별되는 별도의 기도 장소)라고 불리는 그런 숲에서의 그룹 기도는 족장 시대에 계속되었으나 나중에 우상 숭배로 악용되기도 하였다(신 16:21). 다윗과 그의 친구들은 공동 기도에 참여했으며(시 66:16), 바벨론의 경건한 유대인들도 그러했다(시 137:1-2). 느헤미야 9장에는 적어도 11명의 레위인들이 이스라엘 자손들 앞에서 돌아가며 기도하면서 하나님께 죄를 고백하는 장면이 나온다(4-5절). 요나를 배 밖으로 던진 선원들도 처음에 함께 여호와의 이름을 불렀다(욘 1:14).

말라기 3장 16-17절은 영적 교제를 위한 모임의 중요성을 단언하는데, 그러한 모임 중에 필시 기도가 행해졌을 것이다. "그 때에 여호와를 경외하는 자들이 피차에 말하매 여호와께서 그것을 분명히 들으시고 여호와를 경외하는 자와 그 이름을 존중히 여기는 자를 위하여 여호와 앞에 있는 기념책에 기록하셨느니라." 해딩턴의 존 브라운은 이 본문을 근거로 하나님이 공동 기도를 진심으로 기뻐하신다는 결론을 내렸다. 그는 하나님께서 "그들의 말을 귀 기울여 들으시고 명예롭게 기록하시며, 성실한 참석자들을 존중하시고 아끼신다"라고 말했다.[2]

신약 성경은 계속해서 공동 기도의 본을 보여준다. 유대인들의 회당과 성전에서는 아침마다 기도회가 열렸다. 더 중요하게는 예수님이 종종 제자들을 공동 기도로 이끄셨다. 죽으시기 전에도 그랬고(눅 9:18) 부활하신 후에도 그랬다(요 20:19,26). 겟세마네는 그리스도께서 가장 좋아하시는 기도 장소 중 하나였던 것 같다(요 18:1-2).

예수님 자신이 마태복음 18장 19-20절에서 기도 모임에 대한 분명한 명령을 내리신다. "너희 중의 두 사람이 땅에서 합심하여 무엇이든지 구하면 하늘에 계신 내 아버지께서 그들을 위하여 이루게 하시리라 두세 사람이

---

2. John Brown, "Divine Warrants, Advantages, Ends, and Rules, of Fellowship-meetings for Prayer and Spiritual Conference," in *Christian Journal; or, Common Incidents Spiritual Instructions* (London, 1765), second part, 18.

내 이름으로 모인 곳에는 나도 그들 중에 있느니라." 여기서 사용된 "합심하다"라는 단어의 그리스어 동사는 συμφωνέω(sumphōneō)로서, "같이 소리 내다"라는 뜻이다. 이 단어는 종종 함께 소리 내는 악기들의 화음을 묘사할 때 사용되며, "symphony(교향곡)"라는 단어가 거기서 유래했다. 신자들이 함께 소리 내어 간구하면 예수님이 그분의 뜻에 따라 그들이 구하는 것을 들어주실 것이다(요일 5:14). 1844년에 행한 "기도 모임"이라는 제목의 설교에서, 뉴욕의 에드윈 햇필드(Edwin F. Hatfield)는 마태복음 본문이 "기도하는 영혼들이 둘 또는 그 이상 함께 모여 기도할 때, 같은 것을 두고 따로 기도할 때보다 성공을 기대할 이유가 훨씬 더 커진다는 사실을 시사한다"고 말했다.[3]

피터 마스터스(Peter Masters)는 한 걸음 더 나아가, 마태복음 18장 19-20절이 그리스도의 약속일 뿐만 아니라 그

3. "The Social Prayer-Meeting," in *The American National Preacher* 8, 18 (1844):171.

분이 명하신 규례라고 주장한다. 그는 이렇게 말했다. "주께서 이 말씀을 하실 때 제자들에게 교회 일에 대해, 특히 교회 안에서 불법 행위를 다루는 절차에 대해 가르치고 계셨다. 그분은 비공식적인 기도 모임에 대하여(물론 그의 약속은 분명 이것을 포함하고 있지만) 대충 몇몇 신자들에게 말씀하고 계신 것이 아니었다. 그분은 그의 교회들을 향해 공식적인 명령을 하고 계셨다. 바로 공동 기도의 의무를 선언하신 것이다."[4]

기도 모임의 의무는 특히 신약 교회의 실천을 통해 사도행전에서 더욱 강화된다. 사도행전 1장과 2장은 교회의 기도 모임 중에 성령이 임하사 오순절을 탄생시켰다는 것을 보여준다. 예수님이 승천하신 후 제자들은 성령이 부어질 때까지 계속 간절히 기도했다. "여자들과 예수의 어머니 마리아와 예수의 아우들과 더불어 마음을 같이하여 오로지 기도에 힘쓰더라"(행 1:14). 오순절날 제자

4. *The Power of the Prayer Meeting* (London: Sword & Trowel, 1995), 19.

들이 함께 소리 내어 간절히 기도한 결과 3,000명이 회심했다. 오순절 후 제자들은 계속해서 변함없이 "사도의 가르침을 받아 서로 교제하고 떡을 떼며 오로지 기도하기를 힘썼다"(2:42). 사탄이 맹렬한 박해로 초대 교회를 괴롭힐 때, 신약의 교회는 주께서 그들의 부르짖음을 들으시고 계속 말씀을 전할 수 있는 용기를 채워주실 때까지 함께 모여 기도했다(4:24-31). 사도행전 4장 24절은 "그들이 듣고 한마음으로 하나님께 소리를 높여 이르되"라고 말한다. 여기에 사용된 그리스어 단어는 실제로 "여러 목소리들의 콘서트"를 의미한다.

그러나 박해가 다시 심해졌다. 야고보가 교수형을 당하고 베드로가 감옥에 갇히자 신자들은 다시 한번 기도 모임을 가지며 하나님의 인도를 구했다. 그들은 베드로가 처형당하기로 되어 있던 시간까지 몇몇 지역에서 8일 동안 간절히 기도했다. 그러자 하나님은 사도를 구해줄 천사를 보내주셨다(행 12:7). 베드로는 감옥에서 풀려나자마자 곧장 기도 모임으로 갔다. 분명 그는 신자들이 모여 있는 곳을 알았다. 오늘날 우리처럼, 교회는 하나님이 그들의 기도에 응답하셔서 베드로를 무사히 돌려보내셨다는 것을 거의 믿을 수 없었다(16절).

사도행전 13장에서 교회가 확산될 때 바나바와 다른 중요 지도자들을 포함한 선지자들과 교사들이 안디옥에서 사역했다. 그들은 함께 금식했고, 함께 기도했다. 그러던 중에 성령께서 그의 선교 사역을 위해 바나바와 사울을 따로 세우기 원하신다는 것을 보여주셨다(1-2절). 3절은 "이에 금식하며 기도하고 두 사람에게 안수하여 보내니라"고 말한다. 그리스어 학자인 A. T. 로빈슨은 실제로 여기서 사용된 그리스어는 "위로 향한 많은 얼굴들"을 말한다고 주장한다. 즉 여기에 묘사된 것은 함께 위를 바라보며 하늘에 계신 하나님께 간구하는 얼굴들이다. 바울은 나중에 고린도후서 1장 8-11절에서 자신이 사역을 지속할 수 있었던 가장 중요한 이유 중 하나가 바로 성도들의 기도 후원이었다고 시인한다.

사도행전 16장에는 루디아가 복음의 메시지에 마음을 열었을 때 여성들의 기도 모임에서 유럽 최초의 교회가 탄생한 이야기가 나온다(행 16:13-15). 한편 바울과 실라가 감옥 안에서 한밤중에 기도회를 연 기록도 나온다. 제자들이 “기도하고 하나님을 찬송할” 때 다른 죄수들이 듣고 있었다(행 16:25). 하나님은 지진을 일으켜 바울과 실라가 감옥에서 풀려나게 해주심으로써 그 기도에 응답하셨다. 그 와중에 간수와 그의 가족은 회심했고 복음은 승리했고, 교회는 위로를 받았다(26-40절). 하나님은 자신이 기도 모임을 축복해주신다는 것을 다시 한번 확증하셨다.

신약의 서신서들도 기도 모임을 권장한다. 존스턴(Johnston)은 에베소서 5장 19절과 골로새서 3장 16절이 기도 모임을 뜻하는 것이라고 말한다. 물론 이 본문들에 대해서는 여러 해석이 있지만, 서신서에는 공동 기도에 힘쓴 것으로 보이는 다른 예들도 있다. 예를 들면 아굴라, 눔바, 빌레몬의 교회들에 관한 기록이다(고전 16:19; 골 4:15; 몬 12절). 서신서들은 또한 신자들에게 기도를 명할 때 2인칭 복수형을 반복해서 사용함으로써 공동 기도를 권장한다(엡 6:18; 빌 4:6; 골 4:2; 살전 5:17; 딤전 2:1-2; 벧전 4:7).

신약 교회의 관행은 기도 모임이 예배를 위한 정기 집회와 경쟁하기보다는 그 집회를 뒷받침해주어야 함을 보여준다. 기도 모임은 성경 말씀의 선포를 중심으로 교회를 세우는 데 중요하지만 보조적인 기능을 한다.

7장
기도 모임의 역사

▲

▲

기도 모임은 교회사를 통틀어 복음주의 기독교의 중요한 한 부분이었다. 그러나 기도 모임이 항상 같은 방식으로 시행되지는 않았고, 또 같은 이름으로 불리지도 않았다. 어떤 기도 모임들은 공식적인 기도회합이나 세계적인 기도 합주회의 형성으로 이어졌다.

기도 모임은 특히 박해의 때와 부흥의 때에 영향력을 발휘하였다. 박해 때문에 공동 예배와 공동 기도를 개인의 집에서 거행할 수밖에 없었던 경우가 종종 있었는데, 고대 카타콤의 교회와 이후의 발도파(Waldenses), 롤라드파(Lollards), 후스파(Hussites), 위그노파(Huguenots) 같은 그

룹들이 그러했다.[1]

종교개혁 시대에는 군인들이 종종 기도 모임을 열었다. 존스턴은 이렇게 말한다. "네덜란드 공화국 군대의 군인들 사이에 생겨난 이 기도 모임들은 그 유래가 오라네 공 빌럼 1세(William the Silent, Prince of Orange) 때까지 거슬러 올라가며, 오늘날 우리가 누리는 전면적인 시민적·종교적 자유는 이 기도 모임들과 깊은 관련이 있다. 미국의 자유–그 안에 담긴 숭고하고 기독교적인 모든 것–의 기원을 영국의 청교도, 네덜란드나 스코틀랜드의 장로교까지 거슬러 올라가보면, 그 발상지가 기도 모임이라는 걸 발견하게 될 것이다."[2]

스코틀랜드 스튜어트 왕가의 박해 시기에 신자들은 믿음과 용기를 서로 북돋기 위해 소그룹 기도 모임을 가졌다. 이 모임들은 1688년 명예혁명 때까지 지속되었다. 신자들은 평일에 집에서 정기적인 기도 모임을 가졌다. 그

---

1. Johnston, *The Prayer-Meeting, and Its History*, 131–37.

2. 같은 책, 137.

기간 동안 기도 모임은 종종 성별에 따라 조직되어 남자들과 여자들이 따로 모였다. 목사들끼리 모이는 경우도 종종 있었다. 어떤 목사들은 성도들의 자녀들을 인솔하여 기도회를 인도했다. 아서 포셋은 어린이들의 기도 모임이 종종 어린이 자신들에 의해 운영되었다는 풍부한 증거가 있다고 말한다.[3] 이런 그룹들 속에서 어린이들은 쑥스러워하지 않고 사람들 앞에서 큰소리로 기도하는 법을 배웠다. 나중에 이 어린이들 중 다수가 사역자나 장로가 되었다.

스코틀랜드 언약도들(Scottish Covenanters)은 공식적인 "기도회합"을 조직하였다. 이런 기도회합들은 교회 조직의 체계를 세워나갈 사역자들이 부족했던 시기에 언약도들의 필요를 채워주었다. 나중에 기도회합들은 더욱더 체계적이 되었고, 엄격한 입회자격을 제시하는 경우도 종종 있었다. 예를 들면 1714년에 에벤에젤 어스킨(Ebenezer

---

3. Arthur Fawcett, *The Cambuslang Revival* (London: Banner of Truth Trust, 1971), 65-67.

Erskine) 외 16명이 스코틀랜드 파이프(Fife)의 포트모크 기도회합을 위한 규칙에 서명했다. 회원들은 적어도 한 달에 두 번 기도 모임에 참석해야만 했다. 모일 때마다 3명에서 6명의 회원들이 기도를 했다. 매주 "실천신학"에 관한 한 가지 문제를 다루었고, 회원들은 다음 주에 어떤 문제를 가지고 논의할지 투표를 했다. 한 회원이 연속 2회 이상 결석하면 그 이유를 설명해야만 했다. 몇 차례 무단 결석을 하면 그 사람에겐 그 단체를 탈퇴할 것을 요구했다.[4]

기도 모임은 17세기에 네덜란드의 특정 지역들에서, 특히 종교적 난민들 사이에서 인기가 있었다. 포셋(Fawcett)은 매주 모여 기도하는 추방당한 사역자들의 그룹에 대해 말한다. 한 모임에서, 훌륭한 중보기도의 은사를 가진 것으로 알려진 청교도 존 하우(John Howe)가 땀을 뻘뻘 흘려 가며 열정적으로 기도를 했다. 그의 아내가

---

4. Donald Fraser, *The Life and Diary of Reverend Ebenezer Erskine* (Edinburgh: William Oliphant, 1831), 523-26.

그의 뒤로 살금살금 다가와 그의 가발을 벗기고 손수건으로 땀을 닦아준 다음 다시 가발을 씌우는 동안에도 그는 기도를 계속했다. 그와 같은 시기 사람인 제임스 호그(James Hog)는, 네덜란드의 한 대학에서 공부할 때 기도회합을 만들고 "온 마음을 다해 합심해서 기도하는" 많은 이들을 만난 경험에 대해 말한다.[5]

기도 모임은 특히 부흥의 때에 영향력이 있었다. 1620년대 아일랜드의 부흥은 기도 모임들에 의해 촉발되었다.[6] 1740년대의 각성운동들도 마찬가지였다. 두 세대 전에, 조시아 우드워드(Josiah Woodward)가 런던의 특징적인 40개 기도 모임들을 묘사하는《런던 종교 단체들의 발전사*An Account of the Rise and Progress of the Religious Societies in the City of London*》를 출간했다.[7] 각성운동이 퍼지면서 기

---

5. Fawcett, *The Cambuslang Revival*, 58-59.

6. *The Prayer-Meeting, and Its History*, 110, 145; cf. Thomas Houston, *The Fellowship Prayer-Meeting*, 80-84.

7. Cf. F. W. B. Bullock, *Voluntary Religious Societies, 1520-1799* (London, 1963).

도 모임도 크게 증가했다. 토머스 휴스턴(Thomas Houston)은 그의 책《친교 기도 모임*The Fellowship Prayer Meeting*》에서 이렇게 말한다. "웨슬리와 휘트필드의 사역 아래 영국 여러 지역에서 일어난 각성운동은 기도 모임들의 설립으로 이어졌다. 또한 이 기간에, 국교회 안이든 밖이든 모두가 영적 죽음의 무기력에 빠져 있을 때 이 조직은 간절한 마음들에 불을 지펴 영원한 관심사를 추구하게 하는 강력한 수단이었다."[8]

기도 모임은 또한 18세기 스코틀랜드 부흥에 영향을 미쳤다. 1742년의 각성운동 전에, 수많은 기도회합들이 생겨났다. 한 단체는 1721년 킬시쓰(Kilsyth)에서 설립되어 몇 년 동안 번성하다 1730년대에 자취를 감추었다가, 1742년 부흥이 일어나기 직전에 다시 생겨났다. 모임 중에는 공중 기도, 시편 찬송, 성경 읽기, 토머스 빈센트의 소요리문답 연구 책자의 질문들에 기초한 토론 등을 수행했다.[9]

---

8. Johnston, *The Prayer-Meeting, and Its History*, 154에 인용됨.

스코틀랜드에서 대각성운동이 일어나는 동안, 기도 모임은 종종 어린이들로부터 시작되어 어른들에게 퍼져 갔다. 예를 들면 발더녹(Baldernock) 교구에서 한 학교 교사가 네 명의 학생들이 자체적으로 모여서 기도하고 시편 찬송을 부르는 것을 허용했다. 《발더녹 교구*The Parish of Baldernock*》에 따르면, "2주 동안 10명 내지 12명의 아이들이 각성을 하고 깊은 확신을 경험했다. 이들 중 일부는 8살 또는 9살 정도밖에 되지 않았고, 다른 아이들은 12살이나 13살이었다. 그들은 아침, 점심, 저녁, 이렇게 하루에 세 번 모일 정도로 필요한 한 가지에 몰두했다." 그때 어른들은 일주일에 두 번 이상 기도 모임을 열기 시작했다. 어른들과 어린이들의 모임에서 많은 회심이 일어났다.

그 열정은 곧 다른 교구들로 퍼져갔다. 《커킨틸록 교구*The Parish of Kirkintillock*》는 이렇게 보고한다. "1742년 4월에 약 16명의 아이들이 기도하기 위해 헛간에서 모임을

---

9. Fawcett, *The Cambuslang Revival*, 71-72.

갖기로 했다. (그들의 목사인) 번사이드(Burnside) 씨는 그 이야기를 듣고 그들과 자주 모임을 가졌으며, 그들은 계속 발전해 갔다. 그리고 이 사실이 알려지자 더 많은 이들이 감동을 받았다. 얼마 후, 약 120명의 아이들이 일상적인 관심사 이상의 것에 관심을 갖게 되었고, 늘 그렇듯이 기도 모임들이 생겨났다."

그 각성에 대한 존스턴의 반응은 어린이들의 기도를 긍정하고 지지해주는 것이었다. "어린이들의 기도 모임을 장려하면 왜 안되나? 하나님께서 그의 은혜의 영광을 위해 어린 아기들의 입에서 나오는 찬송을 온전케 하시지 않겠는가?"라고 그는 물었다.[10]

조나단 에드워즈(Jonathan Edwards)도 어린이들의 기도를 권장했다. 일부 도시에서 어린이들의 기도 모임에 이의를 제기하자 그 대답으로 그는 이렇게 말했다. "하나님은 이 일 속에서 어린이들에 대한 놀라운 관심을 나타내셨다. 최근에 뉴잉글랜드에서 일어난 일만큼, 어린이들 가운데

---

10. Johnston, *The Prayer-Meeting, and Its History*, 165-66.

서 영광스러운 역사가 일어난 적이 없었다. 하나님은 놀라운 방법으로 어린이들과 젖먹이들의 입에서 나오는 찬양을 기꺼이 온전케 해주셨다. 그리고 그들 중 많은 이들이 세상의 훌륭하고 박식한 많은 어른들보다 더 하나님을 기쁘시게 하는 지식과 지혜를 갖고 있고 합당한 예배를 드린다. 나는 어린이들의 종교적 모임들로 인한 행복한 결과들을 많이 보았다. 또한 하나님은 종종 그들의 모임 속에서 현저하게 그들을 자신의 소유로 삼으시고 실제로 하늘에서 내려와 그들 가운데 계시는 듯했다. 나는 그러한 모임에서 어린이들이 회심한 몇 가지 그럴 듯한 사례들을 알고 있다."[11]

1747년에 에드워즈는《신앙의 부흥과 지상의 그리스도의 왕국의 전진을 위하여, 비범한 기도 안에서 전 세계에 걸친 하나님의 백성의 가시적 연합과 분명한 합의를 촉진하려는 겸손한 시도*An Humble Attempt to promote an explicit agreement and visible union of God's people through the*

11. 같은 책에서 인용, 173.

world, in extraordinary prayer, for the revival of religion and the advancement of Christ's kingdom on earth》를 출간했다. 이후 통상 "겸손한 시도*An Humble Attempt*"라고 불린 이 책은 2003년에 크리스천 포커스(Christian Focus) 출판사에 의해《연합하여 드리는 비범한 기도로의 부름*A Call to United, Extraordinary Prayer*》이라는 제목으로 재발간되었다. 에드워즈는 두 가지 이유로 "기도 합주회"에 관한 글을 쓰려 했다고 말한다. 첫째, 그는 하나님의 백성들이 부흥을 위해 간절하게 기도하기 전에는 1730년대 중반과 1740년대 초반과 같은 부흥이 다시 일어나지 않을 거라는 사실을 알았다. 둘째, 그는 몇몇 스코틀랜드 목사들이 쓴《기념비*Memorial*》라는 문서에 대해 추가적인 신학적 뒷받침을 해주기 원했다.

데이비드 브라이언트(David Bryant)는 우리에게《기념비》에 관한 이야기를 들려준다. "1740년 경에 특히 젊은이들 사이에서 이미 활성화된 수십 개의 기도회합들부터 시작해서, 1744년에는 사역자들의 위원회가 이제는 더 많은 일을 해야 할 때라는 결단을 내렸다. 그들은 2년간의 '실험'을 해보기로 결정했다. 그것은 그들의 나라에서 모든 기도 모임들과 기도하는 그리스도인들을 결속시켜 하나의 공통된 기도 전략을 세우는 것이었다. 그들은 각 분기의 첫 번째 화요일뿐 아니라 매주 토요일 저녁과 주일 아침에 집중적으로 부흥을 위한 기도를 드리도록 요청했다. 1746년에는 그들의 실험 결과에 매우 만족하여, 전 세계 교회, 특히 식민지에 있는 교회에 기도할 것을 요청하기로 했다. 그러나 이때 '기도 합주회'는 7년간 거행될 것이었다."[12]

스가랴 8장 20-22절을 인용하면서 에드워즈는 하나님의 풍성한 약속들이 우리에게 공동 기도, 특히 전 세계적인 기도 합주회로부터 큰 성공을 기대하도록 격려해준다고 말했다.[13] 그는 "하나님이 다양하고 풍성한 약속으

---

12. Jonathan Edwards, *A Call to United, Extraordinary Prayer* (Ross-shire: Christian Focus, 2003), 16-17.

13. 에드워즈의 기도 합주회에 관한 유익한 연구를 위해 Edward Charles Lyrene, Jr., "The Role of Prayer in American Revival Movements, 1740-1860" (Ph.D. dissertation, Southern Baptist Theological Seminary, 1985), 31-81을 참고하라.

로 우리를 격려해 주시는 것처럼 우리 기도의 주제도 다양하고 풍성해야 한다"고 말했다. 그는 전 세계 신자들이 지속적으로 연합하여 기도 합주회를 열 때, 하나님이 새로운 부흥을 허락하실 것이며, 그 부흥은 "각성운동이 가장 높은 지위에 있는 사람들에게 전파되고 모든 열방이 각성을 할 때까지 퍼져나갈 것이다"라고 결론내렸다.[14]

에드워즈의 책은 그의 생애 동안은 그다지 큰 영향력을 갖지 못했다. 그러나 그 책이 18세기 말 영국에서 재발간되었을 때 윌리엄 캐리(William Carey, 1761-1834)와 그의 기도 모임에 영향을 끼쳤다. 그것은 또한 올니(Olney)의 유명한 침례교 목사인 존 서트클리프(John Sutclif, 1752-1814)에게 영향을 미쳤는데, 그는 그의 교회가 속해 있던 노스햄프턴셔 협회(Northamptonshire Association)의 침례교회들 가운데서 매주 부흥을 위한 기도 모임을 인도했다. 그러한 기도 모임들은 영국 제도 전역으로 퍼졌고, 특히 18세기 웨일스의 부흥에 영향을 미쳤다. 헤만 험프리(Heman

14. Edwards, *A Call to United, Extraordinary Prayer*, 18.

Humphrey)는 그의 책 《부흥 스케치》에서 이렇게 말한다. "결과들을 고려할 때 가장 중요한 신앙의 부흥운동 중 하나는 호웰 해리스(Howell Harris)와 대니얼 롤랜즈(Daniel Rowlands)의 주도하에 웨일스 공국에서 일어난 부흥이었다. 이 부흥은 사적인 기도회합들과 종교적 콘퍼런스에 의해 추진되고 힘을 얻었다."[15] 결국 1790년대부터 1840년대까지 영국 전역에서 수만 명이 회심했다.[16]

에드워즈의 논문은 1790년대 말 미국에서 일어난 2차 대각성운동을 위한 매니페스토가 되었다. 그 논문은 1794년에 데이비드 오스틴(David Austin)에 의해 재발간되었고, 그해 말에 코네티컷 레바논에서 모인 뉴잉글랜드 사역자들의 단체는 그 책에 대해 논의한 후, 에드워즈의 논문에 제시된 대로 새로운 기도 합주회를 촉진시키기로 결정했다. 이 사역자들 중 23명이 회보에 서명을 한

---

15. *Revival Sketches and Manual* (New York: American Tract Society, 1859), 55ff.

16. Erroll Hulse, *Give Him No Rest: A Call to Prayer for revival* (Durham: Evangelical Press, 1991), 78-79.

후 미국의 모든 기독교 교단에 속한 사역자와 교회에 보냈다. 여러 서로 다른 교단에서 기도가 성공적으로 행해진 후, 회보를 보내고 기도 합주회를 개최하는 일들이 뒤따랐다.[17]

30년간의 2차 대각성운동을 통해, 공동 기도는 부흥의 문을 여는 하나님의 주요 열쇠로 널리 받아들여졌다. 나다나엘 에먼스(Nathanael Emmons, 1745-1840)와 티모시 드와이트(Timothy Dwight, 1752-1871) 같은 그 시대 지도자들은 하나님의 목적과 기도는 서로 뗄 수 없는 관계에 있다고 가르쳤다. 드와이트는 기도가 하나님의 목적들을 변화시킬 수 있는 것이 아니라, 기도는 "복을 받는 수단이며, 기도 없이는 복을 받을 수 없다"고 가르쳤다.[18] 이런 맥락 안에서 여러 기도 운동이 일어났다. 작게는 회중 차원의 기도 운동도 있었고 크게는 더 넓은 지역에 걸친 조직적인 기도 합주회도 있었다. 이런 운동들은 일반적으로 그

---

17. Lyrene, "Prayer in American Revival Movements," 97-100.

18. Timothy Dwight, *Theology Explained and Defended*, 4:127.

들의 개인적인 삶과 가족, 교회, 인류를 위한 성령의 부으심을 위해 기도하는 데 초점을 두었다. 이런 기도 모임들과 기도 합주회들은 수많은 선교회의 설립으로 이어졌다. 그렇게 설립된 선교회들은 전 세계의 이교도들과 미국에서 교회에 다니지 않는 사람들에게 담대하게 복음을 전하는 데 매진했다. 예를 들면, 19세기의 첫 10년 동안 뉴햄프셔 선교회(New Hampshire Missionary Society, 1801), 매사추세츠 햄프셔 카운티 선교회(Missionary Society of Hampshire County in Massachusetts, 1801), 로드아일랜드 선교회(Missionary Society of Rhode Island, 1801), 피스카타쿠아 선교회(Piscataqua Missionary Society, 1803), 메인 선교회(Maine Missionary Society, 1807), 버몬트 선교회(Vermont Missionary Society, 1807) 등 여러 교단들이 조직한 많은 선교회들이 설립되었다.[19]

에드워즈의 논문은 또한 1850년대 말에 있었던 다른 각성운동들을 촉발했다. 진리의 깃발(Banner of Truth)에서 출간한 사무엘 프라임(Samuel Prime)의 《기도의 능력*The Power of Prayer*》은 어떻게 공동 기도가 미국 동해안을 따라 그 유명한 1857-1859년의 부흥(때로는 3차 대각성으로 불리

기도 한다)을 불러왔고 그 후 서부 지역으로 퍼져서 수십 만 명의 회심을 낳았는지 설명한다.

1857년 가을부터 6명의 남자들이 매일 정오에 뉴욕시의 한 개혁 교회 회의실에 모여 공동 기도를 드렸다. 기도는 부흥의 씨앗을 싹트게 하는 성령의 도구였다. 1858년 초에는 20개가 넘는 기도 그룹들이 뉴욕시에서 정오에 모임을 가졌다. 시카고에서는 메트로폴리탄 극장에서 매일 2000명 이상의 사람들이 모여 기도했다. 그 운동은 미국의 거의 모든 주요 도시로 퍼져갔고, 그 후 영국 제도와 전 세계로 번져 갔다. 기도 모임들은 어디서나 모습을 드러냈다. 교회, 대학 캠퍼스, 병원, 선교지, 고아원 등 장소를 가리지 않았으며 심지어는 항해하는 선원들 가운데서도 기도 모임이 행해졌다. 한 가지 예를 들자면, 햄든 시드니 대학교(Hampden-Sydney College)에서 한 학생이

---

19. Lyrene, "Prayer in American Revival Movements," 102-136; Oliver Wendell Elsbree, *The Rise of the Missionary Spirit in America : 1790-1815* (Williamsport, Pa.: Williamsport Printing and Binding, 1928), 47-83; Charles L. Chaney, *The Birth of Missions in America* (South Pasadena, Calif.: William Carey Library, 1976), 154-79.

조셉 얼라인의 《회심하지 않은 자에 대한 경종*Alarm to the Unconverted*》을 읽고 있는 다른 학생을 발견하고 그에게 그런 책을 좋아하는 학생들이 두 명 더 있다고 말했다. 그렇게 네 명의 학생들이 기도 모임을 가졌고, 다른 학생들은 그들을 공격했다. 네 청년이 기도 모임을 갖는 것 때문에 비난을 받고 있다는 소식을 들은 총장은 눈물을 흘리며 "하나님께서 우리에게 가까이 오셨다"라고 말했고 그들의 다음 모임에 그 자신도 참석했다. 놀라운 부흥이 그 대학교를 휩쓸었고 주변 지역까지 흘러갔다. 곧 그 학교 학생의 절반 이상이 기도 모임에 참석하게 되었다.[20] 학자들은 1850년대 말의 부흥에서 200만 명 이상이 회심을 했고 수많은 신앙고백자들이 깊이 영향을 받았다고 추산한다.[21]

1860년대에는 찰스 스펄전이 메트로폴리탄 태버내클(역주: 스펄전이 시무하던 교회의 예배당 건물의 명칭임)에서 기도 모

20. Johnston, *The Prayer-Meeting, and Its History*, 185-87.

21. Cf. Lyrene, "Prayer in American Revival Movement," 187-218.

임을 체계적으로 거행했다. 사람들은 매일 오전 7시와 오후 7시 30분에 모였다. 월요일 저녁엔 3000명 넘는 사람들이 모임에 참석했다. 어느 날 저녁에 한 방문자가 스펄전에게 이런 모임들의 성공 비결이 무엇인지 물었다. 스펄전은 그 방문자를 데리고 예배당으로 걸어가 문을 열고 참석자들을 보게 했다. 더 이상 말이 필요 없었다.

20세기의 큰 부흥들도 마찬가지로 기도에 의해 고무되었다. 1904-05년의 웨일즈 대부흥, 1934년 라트비아 리가의 부흥, 그리고 좀더 최근에 있었던 루마니아와 한국의 부흥은 모두 기도로 탄생하고 성장하였다.[22] 오늘날 대부분의 복음주의 교회들은 매주 기도 모임을 갖지만, 기도가 많이 미적지근한 것 같다. 우리는 성령께서 전 세계적인 부흥을 일으키기 위해 사용하실 만한 그런 기도를 함께할 교회들이 절실히 필요하다.

'국가 기도의 날(National Prayer Day)'은 올바른 방향으로 나아가는 한 걸음이지만, 그보다 훨씬 더 많은 것이 필요

---

22. Hulse, *Give Him No Rest*, 103-107.

하다. 하나님의 영에 의한 전 세계적 영적 각성이 일어나도록 전 세계의 신자들이 새로운 기도 합주회를 열어 열렬히 기도해야 한다. 존 서트클리프와 함께 전심으로 기도하자. "오, 각자의 도시와 마을의 작은 무리들로 나뉘어진 수천 수만의 사람들이 모두 동시에 모여, 하나의 목적을 추구하며, 마치 지극히 높으신 주님 앞에서 하늘로 올라가는 향의 연기들처럼 한마음으로 기도 드리기를! 하나님께서 흩어진 모든 시온의 족속들에게 복을 부어주시기를!"[23]

---

23. David Austin, *The Millennium* (Elizabeth Town, N.J.: Shepard Kollock, 1794), iv.

8장
기도 모임의 목적

▲

▲

해딩턴의 존 브라운에 따르면, 기도와 교제를 위한 모임은 다음과 같은 목적들에 기여한다.

1. 하나님의 진리와 규례, 하나님의 일들에 대한 지식을 촉진하고 증가시킨다(골 3:16; 시 111:2).
2. 회원들이 서로의 상황을 알고 마음을 같이할 수 있게 한다(롬 15:1-2; 갈 6:2).
3. 온갖 종류의 대화 속에서 서로에게 거룩함과 미덕을 격려하고 유발한다(히 10:24-25; 엡 4:15-16).
4. 서로 덕을 세우기 위해 서로 은사와 은혜를 주고받는

다(벧전 4:10; 엡 4:12-13).

5. 서로 충실하고 친절하게 돌아보며, 권면하고, 책망하는 자들이 되게 한다(살전 5:14; 히 3:13; 10:24).
6. 기도와 찬양, 그 외의 영적 활동들에 함께 참여하게 한다(마 18:19-20).[1]

브라운의 목록은 기도 모임의 성경적 토대를 요약해 보여준다. 다음과 같은 목적들도 있다.

7. 함께 기도하는 것은 종종 하나님이 부흥을 일으키고 증진시키기 위해 사용하시는 수단이다.
8. 함께 기도하는 것은 신자들이 가정에서, 나라 곳곳에서, 전 세계적으로 예수 그리스도의 나라를 위해 더욱 더 헌신하게 한다.
9. 함께 기도하는 것은 바쁜 주중에 영적 오아시스를 제공해준다. R. J. 조지는 이렇게 말한다. "그것은 안식일

---

1. Brown, *Christian Journal*, 18 –19.

과 안식일 사이에 파고드는 세속의 물결을 저지하고, 이 세상 삶의 고된 염려로부터 멀어지게 하며, 그리스도와 함께 하늘 나라의 처소에 앉아 있게 만든다."[2] 기도 모임은 시련 가운데서 은밀한 내적인 힘을 길러줄 뿐만 아니라 부드럽고 경건한 정신을 길러준다.[3]

10. 함께 기도하는 것은 교회 안에 연합을 증진시킨다. 존스턴의 말처럼, 기도 모임에서 "연합이 생겨나고 서로 보살핌과 훈련을 받아 삼겹줄이 된다. 여기가 교회 연합의 중심이다. 이곳은 연합이 깊이 뿌리를 내리는 토양, 즉 물가의 부드러운 토양이며, 아름다운 형제애 속에서 서로 하나 되게 하는 생명력이 여기서 나온다."[4]

    피터 마스터스는 그것을 이렇게 표현한다. "기도 모임은 우리를 자신에 대한 개인적 집착에서 떠나 다른

---

2. R. J. George, *Lectures in Pastoral Theology, Second Series: Pastor and People* (New York: Christian Nation, 1914), 30.

3. Thompson, *The Prayer-Meeting and Its Improvement*, 19, 27.

4. Johnston, *The Prayer-Meeting, and Its History*, 77.

사람들의 복을 바라며 조직의 번성을 갈망하게 만든다. 기도 모임은 우리를 한 몸으로 정제하고 단련하며 결속을 단단히 하고 서로 존중하게 한다. 우리는 서로 기도하는 것을 듣는다. 우리 자신을 서로에게 종속시킨다. 우리는 서로의 진가를 알아본다. 우리는 서로의 마음을 느끼며 일체감과 관심이 더 뜨거워진다. 함께 기도하는 교회는 함께한다."[5]

11. 함께 기도하는 것은 교회의 모든 사역의 유익을 위해 교회의 영적 생명을 활용한다. 회원들이 성령께 부여받은 기도의 은사를 발휘하도록 부름받을 때 기도 모임에서 나오는 영적인 능력이 교회의 다른 모든 사역들에 스며든다. 따라서 기도 모임은 성령의 능력과 인간의 방편 사이의 중요한 연결고리 역할을 한다.[6]
12. 함께 기도하는 것은 신자들의 그리스도 중심성을 증대시킨다. 데이비드 브라이언트(David Bryant)는 이렇

5. *The Power of Prayer Meetings*, 15-16.

6. George, *Lectures in Pastoral Theology, Second Series: Pastor and People*, 30-31.

게 말한다. "기도하는 것은 우리 곁에, 우리를 위해, 우리 위에, 우리 안에, 우리를 통해, 우리 앞에 계시는 그리스도께 온전히 사로잡혀 있는 마음의 자연스러운 반응이다. 그리스도는 우리의 기도 제목을 정하신다. 우리의 기도를 들어주시기 위해 하늘 문을 여신다. 우리가 기도하는 그 순간에 그리스도 안에서 우리가 하나 되게 해주신다. 그리스도는 우리의 모든 기도에 대한 궁극적인 응답이시다. 다시 말하면, 기도와 그리스도 지상주의는 영원히 함께한다."[7]

13. 함께 기도하는 것은 온 교회를 위한 기도 속에서 교육을 제공한다. 신자들은 다른 사람들의 기도를 들을 때 기도의 은사가 자라난다. 그들은 기도 제목의 구체성, 열정적인 간구, 그리스도 중심적인 기도의 씨름, 신선한 표현 방식 등을 배우게 된다. 철이 철을 날카롭게 한다. 젊은 신자는 나이든 신자로부터 배우고, 나이든 신자는 젊은 신자의 진실한 간구에서 힘을 얻

---

7. Edwards, *A Call to United, Extraordinary Prayer*, 24.

는다.[8]

14. 함께 기도하는 것은 개인 기도를 향상시킨다. 그리스도와 참된 신자들의 중보 때문에, 우리의 모든 기도는 하루 24시간 행해지는 기도 모임에 참여하는 것임을 우리는 인식하게 된다. 확실히 이러한 사실을 인식할 때 우리의 개인 기도는 기대와 열정이 증가된다.
15. 함께 기도하는 것은, 하나님의 모든 사역과 우리가 행하는 모든 사역을 위해 우리가 하나님의 주권적인 능력과 은혜로운 축복에 온전히 의존하고 있음을 나타내는 것이다. 그것은 그리스도 없이는 우리가 아무것도 할 수 없고 그리스도와 함께할 때 큰 것을 기대할 수 있음을 함께 고백하는 행동이다. 함께 기도하는 것은 우리의 눈을 하늘로 향하여, 우리에게 큰일들을 약속하신 추수의 하나님을 바라보도록 도와준다. 그것은 우리 마음의 초점을 큰 축복들에 맞추게 한다.[9]

---

8. Masters, *The Power of the Prayer Meeting*, 16.

9. 같은 책, 15.

9장
기도 모임의 실행

▲

▲

회중 기도 모임은 다음과 같은 순서로 실행할 수 있다.

• 7:30–7:45 리더에 의한 모임 시작

당회의 임명을 받은 리더는 알맞은 시편 찬송을 부르고, 짧은 성경 읽기를 하고, 마음을 따뜻하게 하는 진리를 담고 있어서 무기력함을 깨우고 영적으로 갈급한 이들을 교화하는 짧은 묵상의 말을 건네면서 모임을 시작한다. 조지는 이렇게 조언한다. "교리적이거나 논쟁적인 말보다는 실제적이고 경험적이며 신앙적인 발언을 하는 것을 목표로 삼으라."[1] 묵상을 포함한 오프닝 전체가 15분을 넘지 말아야 한다. 리더는 가끔 성경적인 저자의 유익한 글을 읽을 수도 있지만 보통은 스스로 묵상의 말을 건넨다.

• 7:45–7:50 기도 요청 모으기

다음 5분 동안 리더는 기도 요청(기도 제목)들을 수집한다(말과 글로). 기도 요청은 하나님의 영광과 하나님 나라의 도래에 초점을 두어야 한다. 교회 안의 개인들과 가정들의 필요, 특정 교회들, 교단, 나라, 복음 전도 활동, 또는 교회 사역을 위한 기도를 포함할 수 있다. 그 다음에 리더는 목록을 읽어주고 사람들에게 오래 멈추지 말고 기도하며 다른 사람들이 들을 수 있게 충분히 큰 소리로 기도하도록 격려한다.[2] 사적이거나 사소한 기도 요청은 공적인 모임에서 제출하지 말아야 한다. 기도의 오랜 중단, 들리지 않는 기도, 사소한 기도 요청만큼 기도 모임을 빨리

---

1. George, *Lectures in Pastoral Theology, Second Series: Pastor and People*, 39.

2. Spurgeon, *Only a Prayer-meeting*, 20.

약화시키는 것도 없다.

• 7:50–8:25 회원들의 기도

모든 기도에 성령의 축복이 필요하다는 것을 상기시켜야 한다. 기도는 올바른 정신으로 드려야 하는데, 즉 겸손한 회개, 겸손한 고백, 겸손한 간구, 겸손한 열심, 겸손한 찬양이 필요하다. 모든 기도는 예수 그리스도의 이름으로 드려야 하며, 그분을 떠나서는 어떠한 기도도 참으로 응답받을 수 없다.

• 8:25–8:30 마침 기도와 송영

약 한 시간이 경과한 후, 목사나 리더의 기도로 모임을 끝마친다. 기도 후 침묵하는 시간이 지나치게 길어지면 리더가 모임을 조금 일찍 마칠 수 있다. 시편 찬송이나 송영으로 마칠 수 있다.

제안하는 규칙들과 실천적인 지침들

1. 당회(또는 위원회)에서 기도 모임들을 감독해야 하며

각 모임의 오프닝 시간을 인도할 사람을 뽑아야 한다. 소위원회를 임명하여 기도 모임을 관장하게 할 수 있지만, 당회가 최종 감독권을 갖고 있어야 한다.

2. 당회는 교인들에게 기도 모임을 위한 지침들을 제공해야 한다. 그 지침들은 기도 모임의 목적을 명시한 간단한 목록을 포함해야 한다. 그 문서는 어린이들을 포함하여 온 교인이 이런 기도 모임에 참석하도록 독려해야 한다.
3. 당회는 오직 신앙을 고백하는 멤버들만 모임을 인도하고 사람들을 향해 큰 소리로 기도할 수 있음을 강조해야 한다. 그것은 방문자들이 그 모임의 지침들을 알지 못하고 기도할 경우 발생할 수 있는 문제들을 방지해줄 것이다.
4. 기도 모임의 장소, 시간, 기타 다른 세부사항들이 명확해야 한다. 이런 세부적인 부분들은 주보에 실어야 한다. 목사는 강단에서 성도들에게 기도 모임의 중요성을 강조하며, 그 모임들을 위해 정기적으로 기도해야 한다. 모든 성도들이 기도 모임에 참석하도록 정

기적으로 따뜻하게 권면하고, 다른 모든 교회 활동과 사역보다 그것을 우선시해야 한다. 기도 모임은 음향 시설이 잘 구비되고 의자만 편안하다면 교회의 다양한 장소에서 열릴 수 있다. 마이크를 사용할 경우에는 사람들에게 마이크를 입에 얼마나 가까이 대야 하는지 말해주어야 한다.

5. 사람들은 모임 내내 겸손하고 다정한 태도로 서로를 대해야 한다. 그것은 기도 중에 보통 사람들이 이해하기 어려운 말들뿐만 아니라 쟁점이나 질문, 또는 논란이 많은 표현을 피해야 한다는 뜻이다. 기도 시간이 설교나 교리 설명이나 누군가를 책망하는 데 사용되어서는 안 된다. 기도 모임은 논쟁이나 토론을 하는 곳이 아니다. 기도 모임은 공통된 기도의 필요들에 초점을 둘 때에만 유익한 열매를 맺을 수 있다.
6. 사람들은 크고 작은 일들을 위해 기도해야 한다. 하나님의 영광, 하나님의 백성들의 영적 성장, 죄인들의 회심, 전 세계적인 부흥을 위해 기도해야 한다. 그들의 사역자들과 선교사들, 신학생들이 성령의 기름

부음을 받도록, 직분자들이 신실하도록, 교회 안에 분쟁이 없이 화평과 연합이 잘 유지되도록, 교회의 모든 사역과 전도, 선교, 봉사 활동들이 번성하여 100배의 결실을 맺도록 기도해야 한다. 연로한 노인들과 외로운 사람들, 아픈 사람들, 청년들을 위해 기도해야 한다. 어려움에 처한 결혼생활, 깨진 가정, 방탕한 자녀들을 위해 기도해야 한다. 정부 지도자들을 위해, 낙태나 주일을 지키지 않는 것 같은 국가적인 죄를 멈추기 위해, 성경의 진리와 도덕성의 회복을 위해 기도해야 한다. 그러나 또한 더 작고 개인적인 기도 제목들을 위해서도 기도해야 하며 그 중 한두 가지–가급적이면 아직 다루지 않은 것들–에 초점을 맞추어 기도함으로써 일반적으로 기도가 5분을 넘지 않게 해야 한다. 기도의 대상자들은 반드시 그 이름을 언급해야 한다. 바울이 로마서 16장과 다른 서신서에서 한 것처럼 그들의 구체적인 필요를 얘기해야 한다.[3]

7. 신자들은 다양한 은사들을 갖고 있다. 기도 모임에

서 그들이 명심해야 할 것은 하나님께서 기도의 유창함이나 능숙함이 아니라 마음을 보고 그 기도를 귀하게 여기신다는 사실이다. 누구도 중간에 기도가 막히거나 중단된다고 해서 비난받아선 안 된다. 우리는 서로의 약점을 참아주어야 한다.

8. 사람들은 성령의 복을 구하는 이런 모임들에서 기도할 뿐 아니라 반드시 개인 기도에 힘써야 한다. 성령께서 일으키시고 성경에 기반을 둔 부흥의 복을 달라고 하나님께 기도해야 한다. 스펄전이 말했듯이 "불신으로 요동하지 말라. 불신으로 요동하면 헛되이 기도하는 것이다. 주님은 그의 교회를 향해 '네 입을 크게 열라 내가 채우리라…'고 말씀하셨다. 우리는 옛 교리의 회복, 개인적 경건의 회복, 가정 신앙의 회복, 활기차고 성별된 힘의 회복을 원한다."[4]

---

3. Erroll Hulse, "A Lively and Edifying Prayer Meeting," *Reformation Today*, no. 95 (Jan –Feb 1987):22.

4. Spurgeon, *Only a Prayer-meeting*, 9.

10장
기도 모임의 중요성

▲

▲

에롤 헐스(Erroll Hulse)는 이렇게 말한다.

매주 열리는 기도 모임의 분위기나 내용을 보면 그 교회가 어떤 곳인지를 꽤 정확하게 판단할 수 있다. 정말로 복음 전도에 관심이 있는가? 그렇다면 그것이 기도에 나타날 것이다. 회심하지 않은 가족들의 회심을 진심으로 갈망하는가? 그렇다면 분명히 겉으로 드러날 것이다. 세계 비전이 있고, 부흥과 열방 가운데 나타날 우리 구주의 영광에 대한 뜨거운 갈망이 있는가? 그렇다면 그런 부담감은 억누를 수가 없다. 기아와 전쟁, 고통받는 수많은 인류 가운데 평화의 복음이 전해져야 할 필요성에 대해 마음의 고뇌가 있는가? 교회의 기도 모임은 그 질문에 답을 해줄 것이다. 기도 모임 속 중보기도는 곧 시련과 무거운 짐에 억눌리고 괴로워하는 사람들을 보살피는 사랑 많은 교회를 보여줄 것이다. 너무 고통스럽거나 혹은 개인적인 시련이라서 공적으로 드러낼 수 없는 시련을 겪고 있는 사람들은 그럼에도 불구하고 기도 모임에서 위로를 얻을 것이다. 그곳에서 성령께서 특별히 일하고 계시기 때문이다.[1]

에드윈 햇필드는 기도 모임에 관한 그의 설교를 이렇게 결론내렸다. 양심적으로, 또한 습관적으로 기도 모임에 참석하는 사람들은 보통 "그 습관 속에서 더 달콤하고 순전한 기쁨을 경험하며" "은혜 안에서 더 빠르게 꾸준히 성장하고" "가장 경건하고 활발하며 유용한 그리스도인

1. "The Vital Place of the Prayer Meeting" (Pensacola, Fla.: Chapel Library, n.d.), tract-3. opening page.

이 되고" "말하자면 교회의 생명과 영혼이 된다."[2] 당신은 어떠한가? 그렇게 되고 싶지 않은가?

당신은 은밀한 기도와 꾸준한 참석을 통해 교회의 기도 모임들을 떠받치고 있는가? 그 모임의 목적과 가치를 이해했는가? "하나님이 자비를 계획하실 때 그분은 기도를 일으키신다"고 말한 매튜 헨리에게 동의하는가? 하나님이 주권자로서 흔쾌히 부흥과 기도를 강하게 결부시키신다고 믿는가? 당신의 목사와 선교사들의 성공이 당신의 기도와 직접적 관계가 있다는 걸 아는가?

한 가족이 함께 기도 모임에 참석하는 가치를 아는가? 즉 당신의 가족이 함께 기도함으로 하나가 되는 것처럼 교회 가족도 함께 기도함으로 함께 성장하고 함께 지내게 된다는 것을 자녀들에게 말과 본보기로 가르쳐주는 가치를 아는가? 자녀들에게 주일 예배 다음으로 신도들의 기도 모임이 가장 중요한 교회 활동임을 가르쳐라. 정

---

2. "The Social Prayer-Meeting," in *The American National Preacher* 8, 18 (1844): 177-80.

치인이나 세상의 권세자들이 아니라 참된 그리스도인들이 개인 기도와 공동 기도의 수단을 통해 가정과 교회와 나라의 미래를 여는 열쇠를 쥐고 있다는 것을 알도록 자녀들을 훈련시켜라.

만일 전 세계적으로 하나님을 공경하는 모든 교회 안에서 하나님을 두려워하는 모든 가정이 진지하게 회중 기도 모임에 참석한다면 그것이 전 세계에 어떤 영향을 미칠 것인가? 두세 사람이 하나님의 뜻에 따라 구하는 것을 하나님이 들어주신다면, 수천 수만 명이 그분의 뜻에 따라 구할 때 하나님이 무엇을 행하시겠는가? 나는 우리 자녀들과 가족, 교회, 나라들의 미래가, 함께 하나님의 은혜의 보좌를 기습하는 하나님의 백성들에게 달려 있다는 것을 성경과 교회사가 우리에게 가르쳐주고 있다고 믿는다. 기도는 하나님이 하늘 나라의 복을 이 땅에 부어주기 위해 사용하시는 보통의 수단이다.

당신의 사역자가 다음 기도 모임에 사도 바울이 참석할 거라고 공표한다면 모든 성도들이 참석할 것이다. 물론 그런 일은 일어나지 않을 것이다. 그러나 그보다 더 중요한 일이 일어날 것이다. 즉 주 예수 그리스도께서 그곳에 계실 것이다. 그분은 두 사람 이상의 성도들이 그의 이름으로 모이는 모든 기도 모임에 조용히 계시면서 또한 말씀하시는 손님이시다. 그분은 하나도 빠뜨리지 않겠다고 약속하신다. 그분은 더듬거리는 모든 기도를 들으실 것이다. 그분은 모든 기도를 마음에 새기신다.

우리는 달력에 약속들을 적어놓는다. 당신의 가족을 위한 가장 중요한 일정으로 교회의 기도 모임들을 달력에 표시해놓지 않겠는가? 그 모임들을 준비하고, 한두 명의 친구들을 데려가려고 시도해보지 않겠는가?

《그리스도인들을 위한 암시와 생각*Hints and Thoughts for Christians*》에서 19세기 목사 존 토드(John Todd)는 "우리의 기도 모임을 따분하게 만드는 법"이라는 제목의 장과 "우리의 기도 모임을 흥미롭게 만드는 법"이라는 제목의 장을 썼다. 기도 모임을 따분하게 만들려면 이렇게 하라고 제안한다. "모임이 오늘밤이라고 하자. 오늘 그것에 대해 기도하지 말라. 결석할 핑계거리를 찾아보라. 당신은 매우 피곤하지 않은가? 감기에 걸리지 않았는가? 만일 가더라도 늦게 도착하라. 기도에 대한 책임감을 느끼지 말라. 만일 기도를 한다 하더라도 얼마나 오래 있을 수 있을지 보라. 세상은 기도가 필요한 일들로 가득 차 있다. 그 전부를 가져오라. 그렇지 않으면, 참석한 사람들을 꾸짖는 일에 당신의 기도 시간을 사용하라. 그리고 모임이 끝난 후에는 당신의 가족들 앞에서 기도한 사람들을 비판하라."[3]

모임을 흥미롭게 만드는 데는 더 많은 노력이 필요하다. 다음은 토드가 제안하는 것을 요약해놓은 것이다. "기도 모임이 당신의 마음속에 살아 있게 하라. 기도할 때 도움이 될 만한 성경 구절이나 생각들을 한두 가지 생각해두라. 당신의 가정 예배에서 그 모임을 위해 기도하라. 그리스도께서 그 모임 안에 나타나시도록 기도하라. 성령이 임하셔서 모든 마음을 따뜻하게 하고, 격려하며, 생기를 불어넣어 주시기를 기도하라. 그것에 대해 책임감을 가져

---

3. Cf. Phil Arthur, "How to Spoil a Prayer Meeting," *Evangelical Times*, Sept. 2005, p.15.

라. 그 모임에 가는 것을 엄숙한 의무, 습관, 특권으로 여기라. 무엇보다도, 모임에서 기도하라. 참여하라. 기도는 짧고 다양하게 하라. 같은 말을 되풀이하지 말라. 이미 언급한 것을 위해 또 기도하지 말라. 소망과 기대를 품으라. 그리스도께서 두세 사람이 그의 이름으로 모인 곳에 계실 거라는 약속을 믿으라."[4]

친애하는 친구들이여, 기도 모임을 소중히 여기자. 부흥은 대개 기도 모임에서 시작된다는 것을 기억하고, 온 마음을 다해 참석하자. 어느 성스러운 사람이 말했듯이, "성령님은 많은 서명들이 부가된 탄원에 응답하기를 좋아하신다."

계속 기도하자. 쉬지 말고 기도하자. 하나님은 "우리가 구하거나 생각하는 모든 것에 더 넘치도록" 능히 하실 수 있다(엡 3:20). 그분이 무엇을 하실지 누가 알 수 있겠는가?

---

4. *Hints and Thoughts for Christians* (New York: American Tract Society, 1867), 99-110.

개혁된실천사 도서 소개

개혁된 실천 시리즈

1. 조엘 비키의 교회에서의 가정

설교 듣기와 기도 모임의 개혁된 실천

조엘 비키 지음 | 유정희 옮김

이 책은 가정생활의 두 가지 중요한 영역에 대한 실제적 지침을 포함하고 있다. 첫째, 공예배를 위해 가족들을 어떻게 준비시켜야 하는지, 설교 말씀을 어떻게 받아야 하는지, 그 말씀을 어떻게 실천해야 하는지 설명한다. 둘째, 기도 모임이 교회의 부흥과 얼마나 관련이 깊은지 역사적으로 고찰하면서, 기도 모임의 성경적 근거를 제시하고, 그 목적을 설명하며, 나아가 바람직한 실행 방법을 설명한다.

2. 존 오웬의 그리스도인의 교제 의무

그리스도인의 교제의 개혁된 실천

존 오웬 지음 | 김태곤 옮김

이 책은 그리스도인 상호 간의 교제에 대해 청교도 신학자이자 목회자였던 존 오웬이 저술한 매우 실천적인 책으로서, 이 책에서 우리는 청교도들이 그리스도인의 교제를 얼마나 중시했는지 엿볼 수 있다. 이 책은 그리스도인의 교제에 대한 핵심 원칙들을 담고 있다. 교회 안의 그룹 성경공부에 적합하도록 각 장 뒤에는 토의할 문제들이 부가되어 있다.

3. 개혁교회의 가정 심방

가정 심방의 개혁된 실천

피터 데 용 지음 | 조계광 옮김

목양은 각 멤버의 영적 상태를 개별적으로 확인하고 권면하고 돌보는 일을 포함한다. 이를 위해 교회는 역사적으로 가정 심방을 실시하였다. 이 책은 외국 개혁교회에서 꽃피웠던 가정 심방의 실제 모습을 보여주며, 한국 교회 안에서 행해지는 가정 심방의 개선점을 시사해준다.

4. 네덜란드 개혁교회의 자녀양육

자녀양육의 개혁된 실천

야코부스 꿀만 지음 | 유정희 옮김

이 책에서 우리는 17세기 네덜란드 개혁교회 배경에서 나온 자녀양육법을 살펴볼 수 있다. 경건한 17세기 목사인 야코부스 꿀만은 자녀양육과 관련된 당시의 지혜를 한데 모아서 구체적인 282개 지침으로 꾸며 놓았다. 부모들이 이 지침들을 읽고 실천하면 큰 도움을 받을 수 있게 하였다. 의도는 선하더라도 방법을 모르면 결과를 낼 수 없다. 우리 그리스도인 부모들은 구체적인 자녀양육 방법을 배우고 실천해야 한다.

5. 신규 목회자 핸드북

제이슨 헬로포울로스 지음 | 리곤 던컨 서문 | 김태곤 옮김

이 책은 새로 목회자가 된 사람을 향한 주옥같은 48가지 조언을 담고 있다. 리곤 던컨, 케빈 드영, 앨버트 몰러, 알리스테어 베그, 팀 챌리스 등이 이 책에 대해 극찬하였다. 이 책은 읽기 쉽고 매우 실천적이며 유익하다.

6. 신약 시대 신자가 왜 금식을 해야 하는가

금식의 개혁된 실천

대니얼 R. 하이드 지음 | 김태곤 옮김

금식은 과거 구약 시대에 국한된, 우리와 상관없는 실천사항인가? 신약 시대 신자가 정기적인 금식을 의무적으로 행해야 하는가? 자유롭게 금식할 수 있는가? 금식의 목적은 무엇인가? 이 책은 이런 여러 질문에 답하면서, 이 복된 실천사항을 성경대로 회복할 것을 촉구한다.

7. 개혁교회 공예배

공예배의 개혁된 실천

대니얼 R. 하이드 지음 | 이선숙 옮김

많은 신자들이 평생 수백 번, 수천 번의 공예배를 드리지만 정작 예배에 대해서 제대로 이해하지 못하는 경우가 많다. 당신은 예배가 왜 지금과 같은 구조와 순서로 되어 있는지 이해하고 예배하는가? 신앙고백은 왜 하는지, 목회자가 왜 대표로 기도하는지, 말씀은 왜 읽는지, 축도는 왜 하는지 이해하고 참여하는가? 이 책은 분량은 많지 않지만 공예배의 핵심 사항들에 대하여 알기 쉽게 알려준다.

8. 아이들이 공예배에 참석해야 하는가

아이들의 예배 참석의 개혁된 실천

대니얼 R. 하이드 지음 | 유정희 옮김

아이들만의 예배가 성경적인가? 아니면 아이들도 어른들의 공예배에 참석해야 하는가? 성경은 이에 대해 무엇을 말하는가? 아이들의 공예배 참석은 어떤 유익이 있으며 실천적인 면에서 주의할 점은 무엇인가? 이 책은 아이들의 공예배 참석 문제에 대해 성경을 토대로 돌아보게 한다.

9. 마음을 위한 하나님의 전투 계획

청교도가 실천한 성경적 묵상

데이비드 색스톤 지음 | 조엘 비키 서문 | 조계광 옮김

묵상하지 않으면 경건한 삶을 살 수 없다. 우리 시대에 일어나고 있는 일이 바로 이것이다. 오늘날은 명상에 대

한 반감으로 묵상조차 거부한다. 그러면 무엇이 잘못된 명상이고 무엇이 성경적 묵상인가? 저자는 방대한 청교도 문헌을 조사하여 청교도들이 실천한 묵상을 정리하여 제시하면서, 성경적 묵상이란 무엇이고, 왜 묵상을 해야 하며, 어떻게 구체적으로 묵상을 실천하는지 알려준다. 우리는 다시금 이 필수적인 실천사항으로 돌아가야 한다.

10. 장로와 그의 사역

장로 직분의 개혁된 실천

데이비드 딕슨 지음 | 김태곤 옮김

장로는 무슨 일을 하는 사람인가? 스코틀랜드 개혁교회 장로에게서 장로의 일에 대한 조언을 듣자. 이 책은 장로의 사역에 대한 지침서인 동시에 남을 섬기는 삶의 모델을 보여주는 책이다. 이 책 안에는 비단 장로뿐만 아니라 모든 그리스도인이 본받아야 할, 섬기는 삶의 아름다운 모델이 담겨 있다. 이 책은 따뜻하고 영감을 주는 책이다.

11. 북미 개혁교단의 교회개척 매뉴얼

URCNA 교단의 공식 문서를 통해 배우는 교회개척 원리와 실천

이 책은 북미연합개혁교회(URCNA)라는 개혁 교단의 교회개척 매뉴얼로서, 교회개척의 첫 걸음부터 그 마지막 단계까지 성경의 원리에 입각한 교회개척 방법을 가르쳐준다. 모든 신자는 함께 교회를 개척하여 그리스도의 나라를 확장해야 한다.

12. 예배의 날

제4계명의 개혁된 실천

라이언 맥그로우 지음 | 조계광 옮김

제4계명은 십계명 중 하나로서 삶의 골간을 이루는 중요한 계명이다. 하나님의 뜻을 따르는 우리는 이를 모호하게 이해하고, 모호하게 실천하면 안 되며, 제대로 이해하고, 제대로 실천해야 한다. 이를 위해 우리는 이 계명의 참뜻을 신중하게 연구해야 한다. 이 책은 가장 분명한 논증을 통해 제4계명의 의미를 해석하고 밝혀준다. 하나님은 그날을 왜 제정하셨나? 그날은 얼마나 복된 날이며 무엇을 하면서 하나님의 복을 받는 날인가? 교회사에서 이 계명은 어떻게 이해되었고 어떤 학설이 있고 어느 관점이 성경적인가? 오늘날 우리는 이 계명을 어떻게 지킬 것인가?

13. 질서가 잘 잡힌 교회(근간)

교회 생활의 개혁된 실천

윌리암 뵈케슈타인, 대니얼 하이드 공저

이 책은 두 명의 개혁파 목사가 교회에 대해 저술한 책이다. 이 책은 기존의 교회성장에 관한 책들과는 궤를 달리하며, 교회의 정체성, 교회 안의 다스리는 권위 체계, 교회와 교회 간의 상호 관계, 교회의 사명 등 네 가지 영역에서 성경적 원칙이 확립되고 '질서가 잘 잡힌 교회'가 될 것을 촉구한다. 이 네 영역 중 하나라도 잘못되고 무질서하면 그만큼 교회의 삶은 혼탁해지며 교회는 약해지게 된다. 어떤 기관이든 질서가 잘 잡혀야 번성하며, 교회도 예외가 아니다.

14. 장로 직분 이해하기(근간)

모든 성도가 알아야 할 장로 직분

제랄드 벌고프, 레스터 데 코스터 공저

하나님은 복수의 장로를 통해 교회를 다스리신다. 복수의 장로가 자신의 역할을 잘 감당해야 교회 안에 하나님의 통치가 제대로 편만하게 미친다. 이 책은 그토록 중요한 장로 직분에 대한 성경의 가르침을 정리하여 제공한다. 이 책의 원칙에 의거하여 오늘날 교회 안에서 장로 후보들이 잘 양육되고 있고, 성경이 말하는 자격요건을 구비한 장로들이 성경적 원칙에 의거하여 선출되고, 장로들이 자신의 감독과 목양 책임을 잘 수행하고 있는가? 우리는 장로 직분을 바로 이해하고 새롭게 실천하여야 할 것이다. 이 책은 비단 장로만을 위한 책이 아니라 모든 성도를 위한 책이다. 성도는 장로를 선출하고 장로의 다스림에 복종하고 장로의 감독을 받고 장로를 위해 기도하고 장로의 직분 수행을 돕고 심지어 장로 직분을 사모해야 하기 때문에 장로 직분에 대한 깊은 이해가 필수적이다.

15. 집사 직분 이해하기(근간)

모든 성도가 알아야 할 집사 직분

제랄드 벌고프, 레스터 데 코스터 공저

하나님의 율법은 교회 안에서 곤핍한 자들, 외로운 자들, 정서적 필요를 가진 자들을 따뜻하고 자애롭게 돌볼 것을 명한다. 거룩한 공동체 안에 한 명도 소외된 자가 없도록 이러한 돌봄이 잘 이루어져야 한다. 이 일은 기본적으로 모든 성도가 힘써야 할 책무이지만 교회는 특별히 이 일에 책임을 지고 감당하도록 집사 직분을 세운다. 오늘날 율법의 명령이 잘 실천되어 교회 안에 사랑과 섬김의 손길이 구석구석 미치고 있는가? 우리는 집사 직분을 바로 이해하고 새롭게 실천하여야 할 것이다. 그것은 교회 공동체를 향한 하나님의 거룩한 뜻이다.

16. 건강한 교회 만들기(근간)

생기 넘치는 교회 생활과 사역을 위한 성경적 전략

도날드 맥네어, 에스더 미크 공저, 브라이언 채플 서문

이 책은 미국 P&R 출판사에서 출간된 책으로서, 교회라는 주제를 다룬다. 저자는 교회를 재활성화시키는 것을 돕는 컨설팅 분야에서 일하면서, 많은 교회의 문제점을 진단하고 개선을 유도

하면서 교회들을 섬겼다. 교회 생활과 사역은 침체되어 있으면 안 되며 생기가 넘쳐야 한다. 저자는 탁상공론을 하지 않는다. 이 책에서 그는 교회의 관행과 관련된 여러 가지 실제적 문제점을 진단하고, 그 개선책을 제시하면서, 생기 넘치는 교회 생활과 사역을 위한 실천적 방법을 명쾌하게 예시한다. 그 방법은 인위적이지 않으며 성경에 근거한 지혜를 담고 있다.

17. 9Marks 힘든 곳의 지역 교회(근간)

가난하고 곤고한 곳에 지역 교회가 어떻게 생명을 가져다 주는가

메즈 맥코넬, 마이크 맥킨리 지음 | 김태곤 옮김

이 책은 각각 브라질, 스코틀랜드, 미국 등의 빈궁한 지역에서 지역 교회 사역을 해 오고 있는 두 명의 저자가 그들의 실제 경험을 바탕으로 쓴 책이다. 이 책은 그런 지역에 가장 필요한 사역, 가장 효과적인 사역, 장기적인 변화를 가져오는 사역이 무엇인지 가르쳐준다. 힘든 곳에 사는 사람들을 긍휼히 여기는 마음이 있다면 꼭 참고할 만한 책이다.

18. 9Marks 마크 데버, 그렉 길버트의 설교(근간)

신학과 실천의 만남

마크 데버, 그렉 길버트 지음 | 이대은 옮김

1부에서는 설교에 대한 신학을, 2부에서는 설교에 대한 실천을 담고 있고, 3부는 설교 원고의 예를 담고 있다. 이 책은 신학적으로 탄탄한 배경 위에서 설교에 대해 가장 실천적으로 코칭하는 책이다.